企业文化管理：

理念　执行　变革

QIYE WENHUA GUANLI

LINIAN ZHIXING BIANGE

谢长海 / 著

全 国 百 佳 图 书 出 版 单 位
 时代出版传媒股份有限公司
安徽人民出版社

图书在版编目(CIP)数据

企业文化管理:理念 执行 变革/谢长海著.—合肥:安徽人民出版社,
2019.5

ISBN 978－7－212－10393－4

Ⅰ.①企… Ⅱ.①谢… Ⅲ.①企业文化—企业管理 Ⅳ.①F272-05

中国版本图书馆 CIP 数据核字(2019)第 001026 号

企业文化管理:理念 执行 变革

谢长海 著

出 版 人:徐 敏   责任印制:董 亮

责任编辑:李 芳   封面设计:润一文化

出版发行:时代出版传媒股份有限公司 http://www.press-mart.com

      安徽人民出版社 http://www.ahpeople.com

地   址:合肥市政务文化新区翡翠路 1118 号出版传媒广场八楼 邮编:230071

电   话:0551－63533258 0551－63533292(传真)

印   刷:合肥创新印务有限公司

开本:710mm×1010mm   1/16   印张:16.25   字数:210 千
版次:2019 年 5 月第 1 版   2019 年 5 月第 1 次印刷

ISBN 978－7－212－10393－4   定价:58.00

前言
企业发展的底层逻辑

20世纪90年代,我在安徽一家国有企业工作,亲历了这家企业从典型的"脏乱差"蜕变为全国两个文明建设的先进典型。当时《人民日报》、新华社、中央电视台等中央和地方媒体都对此做过大量报道,各级领导对此做了重要批示,这个企业一时成为学习的典范。在这个过程中,企业的自然环境、生产环境并没有大的变化。发生变化的是人。身在其中,会感到这种变化是如此的巨大和惊人。人的变化极大地促进了生产力的提升,促进了环境的改变。

从那时起我一直思考:是什么促进了人的改变?

后来我到上海一家民营企业工作,老板年轻、博学,并且重视企业文化建设,企业哲学是常讲的话题。企业的使命、愿景等核心理念,让我丝毫没有从公务员到民企员工的落差感。产品好加上营销手段独到,销售额和员工迅速增加,企业呈现出爆发式增长。但管理遭遇瓶颈,负面报道陆续见诸报端。终于,中央电视台在黄金时段曝光了该企业广告违规的问题。企业销售一落千丈,几乎到了无以为继的程度。这期间,产品没变,质量没问题,老板依然不断强调使命、愿景等企业哲学。变化的是人,是人的欲望与贪婪的膨胀导致对初心、对企业核心理念的无感。

我在想,企业文化如何真正落地变成企业员工的行为?

2009 年,我开始自己创业。不仅要自己管理企业,而且因为工作性质,我接触了更多的企业。发现没有两个企业是相同的,大至战略方向的选择,小到接人待物,企业的处理都有明显的差异。即使是同一个行业的企业,甚至生产的产品都是相同的,其处理问题都有明显不同的风格。更为重要的发现是,许多企业好像永远长不大,但也死不了。

有一件事印象深刻。2009 年前后我经常到办公楼下的一间小饭店午餐。与老板闲谈中了解到,这间饭店已经运营 8 年,老板十分感叹经营饭店的辛苦。那时,"一茶一坐"从台湾进入大陆也刚好 8 年,已经在 20 多个城市的地标商圈开设了近百家门店,餐厅范围遍布中国的华东、华北、华南、华中、西南地区。8 年的时间不算长,但两家企业的差别竟如此之大。

是什么在决定这种差别?企业的发展最终靠什么?换一句话说,企业发展的底层逻辑是什么?

曾经很长时间,我认为,品牌是企业高速发展、可持续发展的核心元素。品牌是企业与顾客、与社会沟通的载体。品牌让顾客减少了搜寻的成本,满足了功能和情感的需要;品牌也是企业实现社会责任的标志,让社会的监管有了抓手。2015 年,我出版了专著《步步为赢——三步创建强势品牌》,系统探讨了品牌塑造对于企业发展的意义。但在与众多企业交流的过程中,我发现只有品牌并不能保证企业的基业长青。一方面,打造品牌需要良好的管理和作风优良的团队;另一方面,当打造品牌成为目的时,企业未必能够进步,因为打造品牌比打造企业有更多技巧可取。许多"品牌"知名了,企业却倒下了。改革开放以来,中国知名品牌层出不穷,而不倒的企业却寥寥无几。

在阅读大师的作品中,在观察和处理企业问题的过程中,思考在不断深入。

为什么工业革命产生在欧洲？为什么美国能产生那么多世界级企业？许多学者认为，清教的价值观——勤俭持家、亲力亲为、集体主义、组织能力和技术革新，这五个特征奠定了美国管理科学的文化基础，不仅成就了一批世界级企业，也塑造美国的社会。这套信念是17世纪期间由清教徒从欧洲大陆带到新大陆的。在美国占领日本期间（1945—1962），这种管理文化又成功植入日本。日本人吸收了这种文化，并与当地文化融合，形成了自己的文化。我们知道，"企业文化"这一概念及其理论体系，就是美国学者在总结日本的经验后提出的。

对企业运营十多年的观察、思考和实践，我的目光逐渐聚焦在企业文化方面。企业发展的核心是人，而人的塑造和凝聚、人的能力的激发要依靠企业文化。如果说品牌是企业与顾客沟通的载体，那么，企业文化是企业与员工沟通的载体。

许多中国企业在学习推广"丰田模式"中感叹难以落地、无法坚持。其实"丰田模式"并非拿来就用的工具，或者简单易学的生产方式，"丰田模式"是一种企业文化。"丰田模式"可以扼要地概括为两大支柱："持续改善"和"尊重员工"。其精髓含义不仅是个人贡献的实际改善，更重要的是创造持续学习的精神、接受并乐于变革的环境。要创造这种环境，就必须尊重员工，通过员工的积极参与形成良好的团队合作。"丰田模式"的背后是企业选择何种使命和价值观，如何调动全体员工积极主动参与识别、理解、管理和持续改进价值创造过程以实现企业目标。"丰田模式"告诉我们，不同的生产方式，要求不同的劳动组织形式、管理架构、思维方式及经营原则。

可以说，企业文化是企业发展的底层逻辑。企业发展的各种要素，都是以企业文化的发展作为基础。团队建设靠企业文化,产品的质量靠良好的企业文化,品牌的打造更需要企业文化的直接推动。

任何组织实际上都是被特定的文化所包裹,每一个成员都是按照特定的规则认知去行动,所以,文化具有极强的影响力和支配力。然而,这里面有一个如何辨识组织文化的问题,有一个"真文化"和"假文化"的问题。有些企业等级制度极强,等级文化无孔不入,它的真文化是突出权威、尊尚控制和追求稳定。这样的组织,管控是组织管理的内核,以不满现状和宽容为生存环境的创新很难成为主流文化。无论"创新"二字被喊得多响,最终是挤不进正式文化体系之中的,就算是墙上写满了"创新"两个字,都不会形成真正的创新文化。所以企业文化不仅是那些精心设计,然后写在墙上和纸面上的文字,也不仅是喊出来的口号,它更多的是一种涉及所有组织成员的行为,是促成了员工和企业有了这种行为的底层逻辑。

企业文化可以凝聚员工、激活员工,同时也可能会成为观察问题、认识世界的桎梏。技术创新使日本夏普公司从小到大,从籍籍无名到世界级企业,但忽视自身资源与客户需求,对技术"无止境"的追求却拖垮了夏普。柯达、索尼等企业的衰落无不是企业文化的僵化和封闭。相反,像IBM、华为等企业,却能通过文化的不断进化,延续了命脉,不断取得成功。

如果企业的文化基因中缺少持续的学习和与时俱进,企业文化则可能成为双刃剑。

企业文化建设和管理的内容到底有哪些? 如何落地?

有的企业在进行文化建设时,往往就是几句口号。记得上个世纪我在国企工作时,第一次接触企业文化,企业文化征集的内容就一条:企业精神。有的企业的文化建设内容很多,对企业文化的表述也差别很大。尤其是理念系统部分,名称可谓五花八门,如企业哲学、文化大纲、基本法等等。本书试图进行总结梳理,形成一个统一、可操作的规范。

企业文化是固定不变的吗?

企业员工,尤其是企业文化的负责人,常常担心企业文化的变化。因为一个理念的变化,可能会涉及一系列的工作,更重要的是对员工思想会产生不必要的影响。

文化是相对稳定的。领导者会不断强化企业的价值观,员工的行为也不断强化企业的文化理念。一个企业很难从根本上改变自己的文化基因。另一方面,社会环境在变化,企业为了应对外部环境,其文化不可能一成不变。企业文化要自我革命,因时而变,在不同的发展阶段和不同的发展环境中,企业要主动求变。

企业文化的与时俱进不仅是时代的要求,也与企业的生命周期密切相关。我们说盲目照搬先进企业文化,往往难以达到理想的效果。因为同一个企业在不同的生命阶段的文化是不同的。因为企业的外部环境不同,企业的产品、营销呈现出不同的特点,企业的团队不同,建设方法手段也不同,核心是企业文化不同。

达尔文说:“存活下来的物种,不是那些最强壮的种群,也不是那些智力最高的种群,而是那些对变化做出最积极反应的物种。”

这不是一本理论探讨的书,不是一本案例集,没有基于严格的统计分析,所以也不是文献调查,尽管本书提供了多个案例和有针对性的参考资料。可以说,这是作者20多年来从事品牌与文化工作的感悟和总结,是对公司行为模式、各生命阶段的问题以及处理方案的报告,是对公司发展底层逻辑的思考。

本书在"企业文化决定管理方式"一节中,分析了华为与中兴公司企业文化不同导致的不同管理方式和发展方向。就在本书杀青之前,中兴公司遭遇了猝不及防并且是前所未有的困难。2018 年 4 月 16 日,美国商务部发布公告称,美国政府在未来 7 年内禁止中兴通讯向美国企业购买敏感产品。这对于核心部件主要从美国进口的中兴而言,不啻是一道封杀令。美国的制裁使得中兴公司立即进入休克状态。经过政府等多方力量的斡旋,89 天后,当地时间 7 月 13 日,美国商务部在官网发布正式声明,称中兴已经将 4 亿美元的保证金放在一家美国银行。由此,该部门已经移开了针对中兴的禁售令。沸沸扬扬的中兴事件正式告一段落,而中兴付出的代价是沉痛的。

许多人替中兴惋惜。但遭遇制裁只是结果。我们要思考的是,为什么会如此? 根子上还是文化的问题。实质反映了公司在合规文化和管理上存在问题。这让我想到企业文化理论的奠基者埃德加·沙因在《组织文化与领导力》中开篇第一句话:"虽然文化是一个抽象概念,但源自文化的影响力,在社会和组织情境中产生的作用却是巨大的。如果我们不能理解这些影响力的运作模式,我们就将沦为它的牺牲品。"

目　录

第一章　企业文化概述

企业文化是企业的灵魂。作为一种无形的、非强制性的约束力量，它能够弥补规章制度的不足。它是一种强力黏合剂，可以把企业员工凝聚起来，把社会各个方面、各个层次的人团结在企业周围，让社会推动企业发展。

第二章　企业文化建设的主要内容

企业在不同发展阶段企业文化建设的内容不同。通过有意识的规划，确定企业文化基本框架，明确企业文化的主要内容和步骤，会更加高效地促进企业文化的建设，进而促进企业的发展。

第三章 打造企业文化管理系统

完成企业文化三大系统只是完成了建设部分,企业文化工作应该转入管理,通过系统、细致的管理让企业理念深植到企业的各项业务和员工的行为中,企业文化才能真正成为企业的基因,成为企业的动力系统。

第四章　企业文化管理与品牌塑造

品牌文化与企业文化具有高度的关联性,如果没有企业文化,品牌文化就没有发展的基础;如果没有品牌文化,企业文化的外部延展就会逐渐与社会发展脱节。

第五章　企业文化变革

企业变革已经是一种常态,必须深刻洞察和积极重视变革过程中企业文化的关键作用。积极规划和处理好文化变革,将对企业变革起到良好的促进作用。

第一章
企业文化概述

　　虽然企业文化是一个被常常提起的概念,也是一个许多管理者日常工作的一部分内容,但很少有人能把企业文化说清楚,以致我们常常忽视企业文化在企业发展中的地位和作用,正在进行的企业文化建设和管理的理念和方法也许并不完全正确,所以效果并不明显,这更加剧了我们对企业文化的误解。

1.1 认识企业文化

　　什么是企业文化? 为什么需要建设企业文化? 实际上从 20 世纪 80 年代后期中国引进企业文化,到目前并没有一个统一的定义。但就企业文化的内容、性质而言,学界与企业界还是有相当多的共识。先从两个企业常见的两个具体问题谈起。

　　企业招聘,面试时觉得是一个人才,工作后他也很勤奋努力,但总觉得他处理问题、与人相处不对劲,最后这个"人才"还是没有留住。一个企业,到底该招什么样的人? "不对劲"的地方到底是什么?

　　第二个常见的问题是,客户来退货,怎么面对? 常见的不外乎三种情况:一是推三推四,尽量不退;二是来了就退,没有人问为什么;三是热情接待,问清情况再决定退还是不退,无论哪种情况最终都让客户舒服地离开。无论以哪种形式去处理,无论有没有具体的退货流程,都反映了企业的做事方式,体现了企业的"性格"。

这其实都是企业文化问题。简单地说,企业文化就是企业在没有行政命令、没有制度安排的情况下,默认的做事方式、习惯或风格。员工、客户在企业中感受到的氛围。

一个新员工来到公司,他感到亲切或者冷漠,这是企业文化;当领导没有要求加班的情况下,员工习惯于加班是企业文化;当工作明显需要加班,而员工习惯于按时上下班,也是企业文化;互相推诿、善于提出问题而不是解决方案是企业文化;默默解决所有难题、彼此比工作成果也是企业文化。

有人的地方就会有文化,因此所有企业都有自己独特的文化。只不过上升到战略后,每个公司都希望有正向的企业文化,没有负向的企业文化。但企业文化本质上和人的性格一样,由基因和后天的环境决定。企业文化的基因就是创始人和核心团队带来的基本假设。

为什么企业、组织间会有不同的氛围、感觉?其实人或组织的行为源于价值观。如何对待同事,如何对待客户,是源于我们的价值观。认为这个世界是可以共赢的,还是你死我活的、零和的,这决定了我们如何对待别人。为什么我们会有这样或那样的价值观,是源于背后的假设。这个世界共赢才能生存发展,或者这个世界是资源稀缺的,有你的就没我的,这些假设决定了我们的价值观,进而决定了我们如何处理问题、对待别人。

美国学者沙因的三层次模型有效地解释了企业文化。沙因认为文化由以下三个相互作用的层次组成,即:组织文化的三个层次:

(1)物质层:可以观察到的组织结构和组织过程等;

（2）支持性价值观：包括战略、目标、质量意识、指导哲学等；

（3）基本的潜意识假定：潜意识的、暗默的一些信仰、知觉、思想、感觉等。

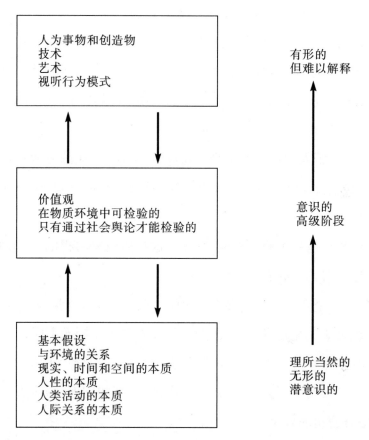

资料来源：《沙因·组织文化与领导力》

沙因认为企业文化的本质其实是企业成员共同拥有的基本假设和信念，这些基本信念和假设是在无意识的情况下产生的，员工会认为这些东西"理所当然"。这些基本假设是通过学习获得的。在以往的工作中，一些假设和信念能反复和有效地解决问题，于是自然而然地成为大家的"深层假设"。

这种假设最大的特点就是"理所当然"，就像如果这个团体坚信"个人权利高于集体权利",那么成员即使知道自己的行为对集体有害,他也不会牺牲自己,牺牲自己换取集体利益是根本不可想象的。如果某个群体坚信"解决好客户的问题才能使自己有好的发展",那么当客户投诉、退货,就会不遗余力、以客户满意的方式解决。

沙因认为,企业的创始人和领导者对企业文化有着至关重要的影响。创始人在创建企业之初,由于其自身的文化经历和个性,他们会对组织的设想有自己的见解,对于世界的本质、企业在社会中的地位、人性和人际关系的本质、时间、空间的本质都有自己深刻的假设,在后面的运行过程中,创始人和核心团队成员通过提供解决问题的方案把自己的假设加在别人身上,通过问题的不断解决,这种文化的学习不断加强,形成组织文化。

企业文化是基本假设构成的模式,这些假设是习得的、塑造的,创始人或领导者在其中起着重要作用。

当然,一个企业是不是存在一个强大的、正向的企业文化,是与企业是否重视企业文化建设有关,因企业的发展阶段不同而不同。

企业文化本身不是口号,而是很多企业流于口号。正向的企业文化是可以帮助公司凝聚人心,高效应对内部、外部的问题,减少整个公司的焦虑,提升公司的效率。

定义企业文化

自20世纪80年代企业文化这个概念传入中国后,人们对企业文化的基本理念,例如对企业文化本身的含义的理解,以及对企业文化的内容构成等,都有很大差异。对企业文化的定义,至少有五六十种之多。我们把文化与文明、文艺、文物、文献和娱乐等概念区别开来,将文化与知识区别开来,将企业文化与一般社会文化区别开来,给企业文化一个精准、清晰的定义:所谓企业文化,就是企业信奉并付诸实践的价值理念体系。

企业文化不是一般的社会文化。企业文化的空间所指是特定人群,即一个企业的员工;二是企业文化是当下的,不是过去的也不是将来的;三是企业文化的深刻程度,是指绝大多数人对一种观念和方式的自觉认同,而主要不是靠行政权力、利益刺激而形成的,是一种无形的、非强制性的,并且是多数人而不是少数人的自觉与认同,不是一般的信奉和倡导的价值理念,必须付诸实践;四是企业文化的内容是指一种内在的方式与观念,而不是我们的知识、技能以及外在的某一具体的事物;五是企业文化的内在结构,不是随意的凌乱的组合,而是一个有内在联系的一系列文化要素的有机构成的系统,它与人们的价值观、思维方式、个性化、评价体系和行为方式相对应。

企业文化是一个企业的灵魂。没有灵魂的企业是没有方向、没有活力的乌合之众。企业文化指导企业做什么、怎么做,指导员工怎么做、怎么想,这个灵魂发出"无声"的命令,发挥无形的导向作用。它是一种强力黏合剂,可以把企业员工凝聚起来,把社会各个方面、各个层次的人团结在企业周围,推动企业发展。

企业文化作为一种无形的、非强制性的约束力量,它能够弥补规章制度的不足。这种软约束即内在约束就是员工在认同企业价值理念的前提下内在约束自己的行为,是一种自我约束行为。有了这种内在的自我约束,才有利于排除企业制度管理上的潜在障碍。

企业文化的内涵
企业文化是企业在经营实践过程中,由企业管理者倡导的、在大部分员工中逐渐形成的共同的价值观念、行为模式、感觉氛围、企业形象的总和。企业文化从企业经营管理的实践中产生,同时要在经营管理实践中坚持践行企业文化的要素。因此,企业文化建设要与战略系统相匹配、与组织能力系统相匹配。

企业文化包含了四个层面的内涵

共同的理念系统。这是企业决策者主导和倡导的,支撑企业发展的使命、核心价值观、战略愿景等一系列价值观念、价值主张。共同的理念系统决定着企业的发展方向,支撑着企业的发展目标,是全体员工共同努力的内在动力和方向指引。这些理念是在企业发展过程中、在不断适应内外部挑战的过程中逐渐形成、并为企业大部分员工一致认同的;同时,这些深入人心的理念体系也是企业转型变革过程中引发一系列问题的深层原因所在。

共同的行为模式。包括由共同的行为意识、行为能力、行为实践构成的行为习惯和相应的行为结果。共同的价值观为企业发展的愿景目标提供了一个共同努力的方向指引,但是,价值观、价值主张的实现是通过员工的具体行为模式来体现的,正是由于全体员工多年形成的行为习惯、支撑组织生存发展的行为结果,才形成全体员工认同并习以为常的心智模式,才使得企业文化得到真正的体现、固化和延续,成为支撑企业生存的组织凝聚力。同时,员工的行为习惯、心智模式,在保证企业文化代代相传的同时,也形成了文化变革的阻力。

需要特别注意的是,对于拥有共同理念的企业,如果所处地域不同、行业不同、服务领域不同,甚至职能范围不同,其组织内部处理问题、解决问题、获得结果的规律是不同的、是有其特殊性的,为了达成目标需要大家采取的有效行为方式也是不同的。因此,即使遵照统一的理念,由于环境条件不同,文化表现的行为模式不是完全相同的。这些不同的文化可以称之为亚文化,在企业中具体表现在不同部门、不同分(子)公司的文化中。

统一的企业形象。企业形象是外部利益相关者对企业的感受和认识，既有可以看到的，也有感觉到的。看到的是指以企业标志（LOGO）为核心的视觉系统，感觉到的是指企业理念系统带来的企业和员工行为。在共同的价值观、行为模式和文化氛围的作用下，企业的组织特征会以其特定的企业形象向外部展示，向企业的客户、供应商、其他利益相关者展示。作为企业文化的重要组成部分，企业形象也是市场营销、公共关系部门和专业机构关注的内容。企业形象同样是企业的价值理念、企业员工行为模式的结果和表现，是员工共同感觉氛围的外在延伸。企业形象需要用专业系统的方法建设和管理，但要求员工广泛认同，并具体落实在行为中。不可能通过营造、包装的方法改变企业文化实质，企业形象的基础和支撑还是企业理念系统和员工行为模式。

共同的感觉氛围。组织群体共同的心理契约，形成了大家习惯的感觉氛围，这个氛围也是我们通常讲到的文化氛围。共同的价值观念和行为模式，在带来支撑企业发展目标的有效行为的同时，也使得企业内部的员工之间建立起共同的思维习惯、交流习惯、工作习惯，甚至是生活习惯，形成大家舒适的、喜欢的感觉。

同价值观和行为模式相比，文化氛围是可以感觉得到的。从表面来看，是这个直接感受得到的文化氛围对企业的运行方式产生着影响。因此，在建设企业文化、变革企业文化时，我们比较容易将对企业文化的关注集中在对文化氛围的关注上，变革文化的工作也会集中在对文化氛围的改变上。但是从本质上，我们比较容易忽略一个关键问题，文化的感觉氛围是企业价值理念和行为模式带来的结果，背后发生作用的是价值观，所以文化氛围的管理和改变需要从价值理念和行为模式的共享来入手。

企业文化决定管理方式

管理大师彼得·德鲁克说:"组织以其价值观为成长边界。"现代企业管理的核心命题之一,是有效地选择管理工具问题。日新月异的科技进步将企业置于一个快速变化的环境之中,全球化的进程更增加了环境中的不确定因素。企业面临着竞争日益激烈、环境不确定等挑战,必须在管理的权变性上投入巨大努力,使自己在内外部环境的变化中,管理模式和方法灵活变化以适应环境的要求,获得竞争优势。管理实践证明,在内外环境各要素中,企业文化起着决定性作用。

从基本的组织框架来看,以集权为特征的直线型职能管理,和以分权为特征的事业部制管理,非常普遍地存在于大多数企业中。这两种方式,无所谓好坏,适合的就是最好的。一般而言,小企业规模小、人数少,好控制,所以往往采取集权式管理,效率高,灵活性强。规模大了,人数增加,从业务上讲必须分工,分工才能专业化,从个人精力上讲,必须分权,分权才能提高效率,恢复小公司的灵活性。这是一种随着企业情况变化而有所发展的实用主义的管理哲学和思维方法。但最终采用哪一种方式,往往与企业文化有着密切的关系。

从两家企业看企业文化对管理方式的影响

中兴通讯股份有限公司、华为技术有限公司都是于20世纪80年代成立于深圳,同为通讯领域的高科技公司,成长的外部环境相似,都完整地经历了中国通信技术从落后到崛起,再到领跑的过程。但两家企业明显不同的企业文化,导致了两家公司在增长方式、执行力和市场拓展方面的差异:中兴更加稳健,而且不太容易错失重大机会,未来更具有可预测性;而华为则具有更强的执行力,在市场上也更具有攻击性,敢于冒险。这恰好就应了那个形象的比喻:中兴像一头牛,而华为则更像一匹狼。

从管理结构看,华为更强调集权,中兴更强调分权。

关于分权,任正非有一句名言:"稳定是发展的基础,华为永远都实行中央集权。"在分权问题上,任正非是谨慎的:在中央集权的基础上,层层有序分权,口号是"充分授权,严格监督"。在最重要的人事权上,《华为基本法》明确规定:事业部的总经理、财务总监、人力资源总监和审计总监由公司任免。在利润分配上,事业部的全部利润由公司根据战略和目标统一分配。同时,经营决策权也不包含在华为事业部的权力之中。这样,分到华为事业部总经理手上的权力相当有限。作为事业部对外扩张动力的三大权力——经营权、财务权和人事权,都掌握在公司手中。把事业部的三大权力集中在公司政策层面,实际上造成了组织结构上的矩阵结构。

在任正非看来,矩阵结构不仅是一种灵活的产品管理方式,而且还是依托横向流程管理权力,制约纵向的直线职能权力的重要工具。任正非看重的正是矩阵结构所表达的权力制衡的理念。

中兴实行分权。通过分权,中兴层层分解落实了以经济指标为纽带的责任,把压力传递给每一位员工,让公司上下都感受到市场化企业运作中的风险和压力,进一步激发了员工的主动性,增强了团队意识,提高了公司的整体凝聚力和经营管理水平。事业部的总经理和经营层成为公司总体管理链条上的重要一环,管理化整为零,上下分工,具体产品的市场和客户的管理任务由事业部承担,总部从中脱身出来,集中精力于战略规划和协调管理。

在中兴看来,以产品管理为主线的矩阵管理所具有的灵活性,正好可以弥补事业部制存在的资源难以共享、协调难度大的弊端。矩阵式小组往往比固定的产品部门或事业部有更强的灵活性、协作优势。

在人才战略和薪酬制度方面,华为强调高薪推动,贡献第一;中兴强调稳健发展,被称为现实主义者的栖息地。

华为:高薪是第一推动力

在任正非眼中,华为是"三高"企业:高效率、高压力、高工资。他坚信,高薪是第一推动力,重赏之下才有勇夫。

其实,华为给员工的不仅有高工资,还有股权和其他待遇。股票期权是大部分高成长性公司尤其是高科技公司所广泛采用的一种激励形式,也一度是最具有吸引力的激励方式。

华为力图营造这样一种氛围:在这里,只有那些冒险家特质的人才能受到重用。在华为,你可以一夜之间从一个普通员工升为高级管理者,比如有一位员工升为高级工程师时才 19 岁,还有一位员工工作后第七天就被提升为高级工程师。

在华为,公司与员工的经济契约关系是矛盾的主要方面,因此,员工要么因为为公司创造效益(经济上的或其他方面的)而得到提升和奖赏,要么因为业绩不佳而自动请辞。对待跟不上形势的老员工,华为即使不主动辞退,也会降低薪水和福利,让其自动离开。

中兴:"世上没有庸才,有的只是放错了地方的人才"

在中兴,有三条可供选择的跑道,包括管理、技术和业务三条线的职务体系。只要爬到业务或技术线的最高级别,就可以享受和总裁一样的待遇。

中兴将自己的人才标准定为行业优秀人才,具体来说就是"在某一个专业领域里的国内前 5%"。但是,将人才招到公司还不能确保其价值的实现,如何运用这些人才变得尤为重要。中兴创始人侯为贵坚信:"世上没有庸才,有的只是放错了地方的人才。"

在经过长时间的摸索后,中兴形成了一套完整的内部流动机制,以便能让合适的人处于合适的位置。为了确保这种流动的效率,中兴设立了两个标准:一个是符合公司人力资源增值标准。如果某个经理岗位出现空缺,就会在全公司内发布公告,凡满足条件的员工都可以报名应聘。第二个是员工个人发展标准。中兴规定,员工服务满 2 年即可提出流动申请。但部门往往希望稳定,这时,人力资源部门往往站在员工的角度来考虑,分析员工提出调动的原因,以求双方在一个客观的立场上进行协商。

中兴认为,期权不是唯一的方式,它有正面作用,但负面影响也相当大。所以一直以来,中兴的物质激励主要是现金奖励而非期权。从 2001 年开始,中兴的基本工资增长较快,加上丰厚的奖金,员工平均收入一度超过华为。中兴力图实施一种以人为本的管理,其核心是用感情、待遇、事业相互结合留人。这缘于中兴管理层将"人性本善"作为一个基本假设的思想。

以人为本,并不是公司就要对员工处处留情。恰恰相反,保持适当的竞争可以确保能者有其位。为此,中兴推行了一种末位淘汰制度,使每年能保持 5% 左右的自然淘汰率,以保持整个组织的活力。

企业文化的力量
——绿谷集团的文化管理实践

绿谷集团创建于 1997 年,是一家以创新研发为驱动的现代医药集团。绿谷在生命科学领域拥有多元化的业务组合,包含绿色精准专利药物(绿谷制药)、药品销售及智慧医疗平台(绿谷医药)、中医诊断现代化设备的技术研究与产品开发(道生医疗)、生命认知及测量产品研发及服务(江村市隐)。绿谷十分重视企业文化在企业发展中的作用。董事长吕松涛在谈到绿谷文化时说:"我们为什么能走到一起?有句话叫'同声相应,同气相求'。我们同声相应的'声'是什么?同气相求的'气'又是什么?所谓'近朱者赤、近墨者黑',我们这个组织到底是红色的?还是黑色的?归根结底源于绿谷的信念,也就是只做人类最期盼的药物,这就是绿谷文化基因的3%。"

营销导向,异军突起

1993 年 10 月,吕松涛、刘梅英夫妇带着在珠海创业获得的经验、资金和第一次创业成功的自信来到上海,开始了人生新征程。房地产、石油钢铁贸易、食品制造、旅游、药品开发等多个产业齐头并进,3 年的打拼,收获的是多领域的经验、多方面教训以及 8000 万债务。

第二次创业,让吕松涛感受到创业的艰难,也看到了一个更广阔的世界。没有明确的客户价值,没有卓越的产品和成熟的商业模式,一时的成功只能是机会主义。青少年时期的经历和志向,唤醒了内心深处的愿力:解决人类疾病问题。经过深入思考和多方论证,吕松涛决心把中医药作为安身立命的所在,把解决人类疾病问题作为终生奋斗的目标。1997 年,绿谷集团诞生。目标是成为一艘中国天然药物领域的"航空母舰",建成能代表中国天然药物领域中创新能力和开发实力的企业,解决人类健康问题。核心策略是"开发一个产品,组建一个队伍,创建一个企业,推动一个行业"。首个产品中华灵芝宝迅速打开市场,3 年内形成了 3000 人的队伍,营收突破 4 亿元。但危机也悄然产生。物质至上的文化、松散的管理,员工队伍信念缺失;股东间对利益、对未来发展战略产生巨大分歧。1999 年 1 月,队伍几乎在一夜之间解散。

"终日营营,如无根之木,无源之水;有采摘汲引之劳,而盈涸荣枯无常。"绿谷认识到,当一个组织的使命、目标,不能以价值观凝聚时,再庞大的队伍都只是乌合之众。

艰难探索,痛苦转型

从头再来。

新战略,新机制。

除以中华灵芝宝为主产品的营销团队外,绿谷相继组建了以灵芝胶囊为核心产品的营销团队、以枸杞胶囊为核心产品的营销团队、以九润枫斗晶为核心产品的营销团队、以产品矩阵销售为特色的直销团队。

市场拓展不断加速,销量在一年内超越了前期高点。但吕松涛依然感觉到与"解决疾病问题"的初衷差距很大。于是向老中医学习,向科学家请教。对中医药深入研究后,绿谷在行业内率先提出了"中医药如何突围"的命题,一时间引起了专家、媒体和企业的热议。绿谷的答案是:中医药产业发展必须医药一体。

绿谷开始向医疗拓展。妇科门诊连锁、男科门诊连锁、肝病门诊连锁、糖尿病门诊连锁等相继启动;2005年4月收购上海拓能医疗器械公司,2006年1月收购安徽济民肿瘤医院, 2006年7月收购上海沪东医院。2007年1月,绿谷与上海中医药大学共同组建上海道生医疗科技有限公司,致力于数字化中医诊断技术研究和产品开发,以中医现代化为目标的道生四诊仪项目正式启动。

这一时期,绿谷提出了业务发展的"两网两库一体系"战略,人才凝聚的裂变机制。

这一时期,绿谷加大了科研力量,成立了绿谷研究院,丹参多酚酸盐、GV971等一批新药研发取得进展,

2007年,绿谷成立10周年时,拥有连锁门诊、医院2000多家,销售

额突破 10 亿元,员工超过 6000 人。

随着公司的快速发展,各种问题也接踵而至。同时,中医药的困境也映射到绿谷的发展。公众对中医药的不理解,同行的恶意竞争,加之自身管理的粗放,致使绿谷的负面消息不断见诸媒体。

以不断加码的公关去解决问题,治标并未治本。在内部,干部队伍产生了骄傲自满情绪,企业文化建设滞后,管理松散。上下不能同心,对未来的探索成为"一个人的战争"。危机悄悄降临。

2008 年 1 月 12 日,央视《新闻联播》以近 5 分钟的时间对绿谷营销推广中的问题曝光,央视当晚的《每周质量报告》栏目以半小时的时间继续深入报道。

一时间成为万夫所指,销售额断崖式下跌。绿谷再一次归零。

使命引导,凤凰涅槃

曾经以为找到了信念,以为服务人数多就是对社会贡献多,公司规模大就是价值体现。卖药,是为了销量;看病,是为了卖药。只记住了"大踏步前进,无所不用其极",却忘记了使命,失去了灵魂。没有客户价值的信念,产生的可能是负能量。我们并没有找到自己的信念范式,没有找到一生为之叩拜的"命"!

痛定思痛,痛何如哉!

绿谷认识到,一切有前提的战略都是无本之木,无源之水! 没有信念范式的发展,只是聚沙成塔,蒸沙成饭!

走完绝路再赶路。

客户价值才是深藏于内心深处、支撑我们多年来孜孜以求的目标。使命找到了:"只做人类最期盼的药物"。这是"解决人类疾病问题"的根本解,这是绿谷多年来苦苦探索的领域。我们经历了常人难以想象的磨难,深知其中的艰难,我们将矢志不移,勇往直前。终于,绿谷走出了那个当年大如天、如今小如丸的混沌,彻底对自己说:绿谷存在的唯一理由就是解决人类健康问题。

绿谷将目光投向古今中外,从中国传统文化汲取信念、营养,从现代科技的最前沿获取启发、手段。解决人类健康问题进一步聚焦为"攻克人类慢性复杂性疾病,只做人类最期盼的药物"。我们逐渐清晰了信念范式,提出了双核战略:以糖药物为核心的药物创新平台;以患者为中心的智慧医药平台。

这一时期,丹参多酚酸盐发展迅速,成为中药现代化的标志性产品;道生四诊仪不断升级,相继承担了中国航天员中心"火星500"国际模拟试验特型诊断仪研发等多项国家级项目;GV-971临床进展顺利,有望成为首个糖类治疗复杂疾病的药物;本溪制药基地、武当国际养生基地启动建设……绿谷多年发展形成的理念体系完成了升级,形成了自己的信念范式。创新战略真正成为绿谷的发展引擎。

2016年底,绿谷制药销售额突破50亿,进入中国制药企业第一方阵。

(资料来源:《绿谷文化理念手册》)

1.2 企业文化是企业发展的终极竞争力

为什么通用电气、可口可乐等公司能够从小到大,由弱到强,而有些公司却昙花一现、了无踪迹?为什么IBM、惠普等创业时不是连生产什么都不清楚,就是举步维艰,却能历经困难,展现出其特有的韧性和弹性,跨越数十年、上百年而长盛不衰,成就百年基业。他们的动力源是什么,终极竞争力是什么?

当我们在长达几十年的周期中去看企业的竞争优势时,会发现一切外在的优势都是靠不住的,因为客户的需求在不断变化,产业的趋势也在不断变化,唯一能够适应变化,"以不变应万变"的是企业不断发掘和培育的独特文化,通过文化培育出能够使企业不断为客户创造价值的集体学习能力。

IBM要求业务代表注意仪容,劝阻员工吸烟,禁止喝酒,鼓励结婚,新人都要学习"三项基本信念",强调公司哲学和技术训练课程。正是这些看似与生产销售不相干的做法,营造了IBM独特的环境。IBM前CEO小华森描述IBM的环境,是像"教派一样的氛围"。詹姆斯·柯林斯在《基业长青》中称这种做法为"创造一种几乎像教派一样的环境",或是"教派主义"。1982年《华尔街日报》一篇文章指出,IBM的文化极为深入,以致一位任职九年后离开的人说:"离开这家公司就像移民一样。"这就是文化的凝聚力。

有人说沃尔玛的核心竞争力是"低价格",但同样采取低价和商品多样化策略的竞争对手却一个个倒下。显然低价格只不过是沃尔玛成功的表象。1983年,沃尔玛花全年资金预算的1/4购买了一套卫星系统。1988年沃尔玛拥有了全球最大的私有卫星通信网络。到1989年,沃尔玛甚至拥有了在卡车上也安置卫星发射机的高效率物流系统。卫星使沃尔玛每天都能够对销售数据进行收集和分析的同时,全球十多万员工可以定时通过卫星电视聆听萨姆·沃尔顿的讲话,同时接受企业培训。面对瞬息万变的市场,随时学习,随时改变,在同一种理念指引下思考,在同一种氛围中工作,企业文化才是沃尔玛成功的终极竞争力。

可口可乐的核心竞争力并不是配方,也不是知名度,而是它在文化指引下的对消费趋势的把握能力与行业结构塑造能力。

人们常常津津乐道于比较竞争优势,即那些相比对手而言的外部优势,体现为一系列看得见、摸得着的外在资源,如设备、技术、规模甚至品牌等等。企业文化则体现为持续竞争优势,是企业的终极竞争力,是企业统一员工意志、引爆员工激情的能力,是组织内部的集体学习能力。外在的比较优势是很容易获得的。比如高技术往往已经固化在一些芯片或设备上,只要引进或买来即可,规模主要体现在投资上,只要加大投资即可,成本主要体现在劳动力上,只要将工厂建在劳动力素质高但价格便宜的地区即可。唯有文化不可复制,它是企业在其长期发展过程中,因其独特因素形成并不断培育、塑造形成,并能够达到精准、深刻、普遍的自觉,才形成终极竞争力。

企业文化代表企业的软实力

广义而言,企业文化是企业长期生产、经营、建设、发展过程中所形成的管理思想、管理方式、管理理论、群体意识以及与之相适应的思维方式和行为规范的总和,是企业领导层提倡、上下共同遵守的文化传统和不断革新的一套行为方式,它体现为企业价值观、经营理念和行为规范,渗透于企业的各个领域和全部时空。其核心内容是企业价值观、企业精神、企业经营理念的培育,是企业职工思想道德风貌的提高。通过企业文化的建设实施,使企业人文素质得以优化,归根结底是推进企业竞争力的提高,促进企业经济效益的增长。

企业文化对内形成企业内部凝聚力,对外形成外部竞争力。企业竞争,看起来是产品的竞争、营销的竞争,实质是企业文化的竞争,因为文化决定了企业的创新方向、市场行为方式。面临全球经济一体化的新挑战和新机遇,企业应不失时机地搞好企业文化建设,从实际出发,制定相应的行动规划和实施步骤,虚心学习优秀企业文化的经验,努力开拓创新。

企业文化建设是一项系统工程,是现代企业发展必不可少的竞争法宝。一个没有企业文化的企业是没有前途的企业，一个没有信念的企业是没有希望的企业。从这个意义上说，企业文化建设既是企业在市场经济条件下生存发展的内在需要，又是实现管理现代化的重要方面。为此，应从建立现代企业发展的实际出发，树立科学发展观，讲究经营之道，培养企业精神，塑造企业形象，优化企业内外环境，全力打造具有自身特质的企业文化，为企业快速发展提供动力和保证。

原中粮集团董事长宁高宁曾这样讲述企业文化的发展过程："在最初的生产汽车流水线上，企业文化的表现更多是纪律，是服从，是劳动力与金钱的交换关系，当企业管理者意识到人作为生产要素的一部分是无法全部以纪律和交换来管治的时候，企业文化就产生了，企业文化的有意识地形成和有目的地用来激发人的热情和效率，是企业中高层次的管理阶段。最后，文化变成了企业产品、服务、效率甚至对外形象的一部分。"

企业文化是企业核心竞争力的关键所在

企业文化是企业管理和运营背后的逻辑，决定企业如何处理内外部的各种关系，具有鲜明的个性和时代特色，是企业的灵魂，它是构成企业核心竞争力的关键所在，是企业发展的原动力。

要进推动企业不断发展，要真正成为一流企业，就是要借助企业文化强大的推动力。纵观世界上成功的企业必然都有先进的企业文化作支撑，没有卓越的企业价值观、企业精神和企业哲学信仰，员工将无法凝聚，企业经营目标也无法实现。反观世界上一些遭受挫折、甚至破产的著名企业，出问题大都在企业文化上面，不是没有建立起先进的企业文化，就是在发展过程中背离了企业的价值观。

企业文化也是企业适应变化，进行内部变革的关键。面对全球一体化进程加快的形势,企业迫切需要提高自己的内部凝聚力和外部竞争力,从而谋求在新形势下的发展。为实现这一目标,企业必须进行系统性变革,而变革的核心就是充分发挥企业文化的力量,提升企业的竞争能力,使企业立于不败之地。

企业文化可增强企业的凝聚力、向心力,激励员工开拓创新、建功立业的斗志

优秀的企业文化为员工提供了健康向上、陶冶情操、愉悦身心的精神食粮,能营造出和谐的人际关系与高尚的人文环境。共同的价值观是全体员工有了凝聚的核心;企业内各种文娱活动的开展,活跃着员工的业余生活,加强了员工之间的团结友谊、沟通合作和团队意识;企业的激励机制,分别从物质、荣誉和个人价值三个方面对员工进行激励,激励着员工奋发向上、开拓创新、建功立业的信心和斗志;各种学习和培训使员工丰富了知识,增长了才干,让他们能更好地在企业里实现个人的价值。员工在企业文化良好的环境下工作生活,在本职岗位上各尽其能,积极进取,这样就能形成一个风气正、人心齐、奋发向上、生动活泼的局面,有了这样高素质员工队伍的企业,就能适应日益变化的新经济形势,使企业发展壮大起来。

企业文化对员工起着内在的约束作用

"企业即人",企业文化即是企业人的文化,属于思想范畴,是人的价值理念,这种价值理念和思想道德属于同一种范畴。企业文化是和社会道德一样,都是一种内在价值理念,都是一种内在约束,即人们在思想理念上的自我约束,因而都是对外在约束的一种补充。经营企业首先依靠企业制度,但制度总是落后于企业的发展,总有需要完善地方,有时也会有失效的时候,那么一旦企业制度落后于企业的发展,甚至失效了,靠什么来约束人的行为? 这就要靠企业文化来约束,靠企业的价值观来约束,使员工少犯或不犯错误。企业文化在一定程度上潜移默化地影响着企业员工的思维模式和行为模式,引导和牵引着企业员工保持健康的心态,以企业价值观为标准去处理问题,保持发展。

事实上也是如此,企业一旦发展壮大后,单靠权力和制度来管理企业有时就显得力不从心,这就需要有一个在制度以外的力量来帮助管理企业,引导或约束员工的行为,这个力量应没有权力的强迫,没有威严的威慑,没有物质的引诱,应能和员工做心灵上沟通、交流和引导,与员工的思想吻合,使员工时时处处自觉地约束自己的行为不出轨,这个神奇的力量就是企业文化。

企业文化是作为企业实践的结果,又影响未来的实践。企业文化形成于企业的内部环境和外部环境,所以随着企业内部与外部环境的变化,企业文化也会发展变化。

企业文化对于一个企业的成长来说,看起来不是最直接的因素,但却是最持久的决定因素。纵观世界成功的企业,如美国通用电气公司、日本松下电器公司等,其长盛不衰的原因主要有三个,即优质的产品、精明的销售和深厚的文化底蕴。而且优质的产品、精明的服务往往产生于深厚的文化底蕴。张瑞敏在分析海尔经验时就说:"海尔过去的成功是观念和思维方式的成功。企业发展的灵魂是企业文化,而企业文化最核心的内容应该是价值观。"至于张瑞敏个人在海尔充当的角色,他认为"第一是设计师,在企业发展中如何使组织结构适应企业发展;第二是牧师,不断地布道,使员工接受企业文化,把员工自身价值的体现和企业目标的实现结合起来。"

1.3 企业文化管理的误区

企业文化的理论出现源于日本经济的崛起。20世纪80年代中期，当美国还认为自己是全球经济最为强大的国家时，日本的汽车和电子产品长驱直入美国和全球市场。美国人在震惊之余认真了解和研究了日本，包括彼得·德鲁克和迈克尔·波特等人都从不同角度对日本的经验进行总结。美国学者发现，日本企业有一种特殊的元素是美国企业不具备的，这个元素被美国学者确定为"企业文化"。所以，企业文化本质上是企业经营的"管理哲学"，是企业管理中的普遍原理、原则。

从20世纪80年代末到90年代初，随着我国改革开放的进一步深入，在引进外资、引进国外先进技术和管理的过程中，企业文化作为一种管理模式被引入我国的企业中。一时间，许多企业都风起云涌地搞起了企业文化，在全国掀起了企业文化的热潮。有些企业模仿外资企业管理和企业文化的一些形式，如热衷于搞文艺活动、喊口号、统一服装、统一标志，有些企业还直接请广告公司做CI形象设计，认为这样就是塑造企业文化。到90年代中期，许多在当时企业文化热中涌现出来的明星企业也纷纷坠落，中国的企业文化热才逐渐降温。但长期以来，企业文化依然是企业管理中绕不开的课题，在许多企业家心中，企业文化依然还是一个热词。当我们反思过往的实践，冷静地思考时，就不难看出，我们企业文化建设效率不高，效果不明显，实质上反映了中国企业文化建设过程中所走入的几个误区：

从认识层面看，大量企业还存在着重视不够、认识不足、工作不到位的问题。许多企业认为业务好了，企业就发展了，企业文化可有可无。而有的企业文化建设存在"文化理想"现象，其设立的文化建设目标已超出企业自身的承载范围,脱离了企业的业务和战略,大而空,缺乏脚踏实地的定位。

关于企业文化建设的主体,有人认为企业文化是领导者所倡导的,是自上而下的,企业文化建设中员工只是被动的接受者,而不是主动的参与者和创造者。而事实上,企业文化应是一个企业全部或大多数成员所共有的信念和期望的模式。领导者的文化素养、对企业文化建设的认知度,对企业核心文化的构架起着重要作用,但真正优秀的企业文化不等同于"企业家文化",而是全员共享的文化。所以应该让全体员工参与企业文化建设,员工才是主体。只有把企业领导者的战略思考、主导作用与广大员工参与的基础、主体作用相结合,才能真正创造出有生命的企业文化,才能真正使企业文化成为领导者和员工共有的精神家园。

很多企业对企业文化内容的认识、理解不够,将企业文化的内容简单化为"企业+文化"。用空洞的口号、铺排的文字、华丽的说辞附庸风雅装饰企业,造成企业文化口号化;有些企业文化建设往往是"纸上谈兵",或是美化厂容厂貌;企业文化虚置化,包装、抄袭、炒作现象突出,搞所谓的"形象广告"宣传轰炸,造成企业文化表象化。

方法上的误区。一种是缺乏理论判断的自然主义倾向。认为企业文化是企业在长期生产经营活动中自然形成的,企业没办法、也不该进行人为策划、设计、建设,结果导致企业文化建设的"无作为"现象,缺乏明确的理念指导;另一种是缺乏实证分析的主观主义倾向。认为企业文化是根据领导者的意图,人为策划、设计出来的,结果导致企业文化建设形式主义,或者"突击"现象,盲目效法其他企业文化建设,缺乏特色和个性。

误区一:企业文化就是企业家文化

在实践中,有些企业领导者武断地认为,企业文化就是企业家文化,就是领导者或者老板所倡导的文化。这是一种误区。从内涵层面讲,文化的层次有四种:民族文化、组织文化、群体文化和个体文化。这四种层次的文化有相对独立性和相互依存性。企业文化属于组织文化,企业家文化是属于个体文化,两者间存在着相互独立性和相互依存性。企业文化不等同于某些领导者为企业所设计或所倡导的"企业内的文化",更不等同于某些贴在墙上或挂在嘴上的标语或口号。正确认识这两者的关系,需要考虑两个方面:

第一,个人文化与组织文化的区别。企业家所倡导的文化在没有得到组织成员认同和接受之前,只是被创业者认同和执行,那就是个人文化或者群体文化,而不是组织文化或企业文化。所以,企业文化建设要求企业家必须强力推行自己所倡导的观念、理念、价值观、行为风格等文化因素,以使企业绝大多数甚至全体员工的认同和践行。

第二,"显文化""潜文化"和"次生文化"的抗争。企业家倡导的文化是"显文化"。在企业家和他的执行部门大力推行"显文化"的同时,企业内部原有"潜文化"和伴随新文化推行而产生的"次生文化",就会成为新文化推行的最大阻力。因此,只有最大限度地阻止或遏制这两种非主流的文化,大力倡导企业文化,才能使企业家文化离企业文化渐行渐近,融为一体。

不可否认,企业家对企业文化有着重要的甚至是决定性的作用。但企业文化如果没有全体员工的参与、执行并成为行为习惯,那么这个企业文化只是初创时期的文化,说明企业还没有长大。老板对企业文化的作用主要体现在企业文化的构建、推广过程中,体现在企业文化核心价值观的身体力行的示范作用,但绝不是完全代表企业文化。

众所周知,企业发展具有阶段性,从初创期,到成长期、稳定期、衰落期,每一个阶段都有不同的业务主体和生命特征,而每一个阶段也都有不同的价值导向进而形成不同的企业文化。初创期是为生存而奋斗,活下来是最迫切的要求,所以价值导向是以目标为导向;这个时期,企业所有的价值判断、对环境的认识和决策,以及所有为生存所做出的努力,必须由老板一个人承担,他的选择就是企业的选择,老板文化就是企业文化在这时是成立的。

成长期较之前最重要的变化,是随着客户的增加,组织架构出现变化,管理团队日渐成熟,员工数量增加。这时,管理团队必须承担责任,员工必须承担责任,公司的价值判断必须通过管理团队和员工的共同努力实现。这个阶段应该构建规则体系,形成清晰的工作流程,企业文化以规则为基础。这时候企业家的作用更多体现在战略的前瞻性,对规则的引导、要求和示范。否则,企业仍会停留在以老板的选择为选择,无法形成团队的力量;这个企业还停留在创业阶段,无法获得成长。这也是中国许多中小企业无法长大的原因。

稳定期更需要兼顾绩效和发展,良好的绩效可以帮助企业构建系统能力,创新应该成为这个时期的价值导向。当每个员工都能够有主人翁意识,主动担当和承担责任,企业可以接受和包容失败时,企业才有创新能力。企业领导人应该通过主动的企业文化创新,带来企业商业模式的变革、产品的创新,带领企业走一条差异化的发展道路,走向创新驱动的良性发展。

世界正以前所未有的力量来否定自身。传统的、昨天还被视为经典的东西,如今已经被扔进回收站。无论是人还是企业都脱离了传统的概念:企业中的人和人的空间(企业)都成为一种理念,都会随着环境的变化而变化,企业必须进行自觉的"文化革命"。现代的人和现代的企业都要勇敢地拥抱变化、拥抱失败,勇于行动,持续变革。

所以说,在企业文化建设中,员工不是被动的接受者,而是主动的参与者和创造者。事实上,企业文化应是一个企业全部或大多数成员所共有的信念和期望的模式。领导者的文化素养、对企业文化建设的认知度,对企业核心文化的构架起着重要作用,但企业文化不等同于"老板文化",应该让全体员工参与企业文化建设,员工才是主体。只有把企业领导者的战略思考、主导作用与广大员工参与的基础、主体作用相结合,才能真正创造出有生命的企业文化,才能真正使企业文化成为领导者和员工共有的精神家园。

误区二:企业文化建设等同于企业文体活动

把企业文化等同于文体活动也是常见的一个误区。在一些企业,一提到企业文化建设,要不就是知识竞赛、演讲比赛、事迹报告会;要不就是篮球比赛、足球比赛、羽毛球比赛等文体活动,甚至过两年再搞一次全员运动会,搞得企业人人都像运动员。

不可否认,竞赛活动、体育比赛、文艺演出等文体活动,的确有助增强员工的团队意识和荣誉感,能够增进友谊、沟通感情,但这是团队建设的一个方面,不能靠此去挖掘人才、发现人才、培养人才和留住人才,更无法用这些活动有效推动业务。

既然企业文化是企业中的氛围,那么氛围的营造过程一定是一个持续、漫长和坚持的过程,更多的还是从细微处着眼和着手深植理念。理念内化于心,才能外化于行,真正形成好的习惯,进而成为企业的风格。所以企业文化绝不是开几次会、发几个通知、搞几次活动这样就可以搞定的。

企业文化首先要立足于好习惯和风格的培养,不能期望立竿见影的回报。企业文化一旦建立,自然会有相应的回报,只不过这种回报更多的是无形的、无法量化的。同时,企业文化建设上的投入,很多也不是时间和金钱的,更多的是精神上坚持不懈的建设。

误区三:企业文化建设就是 CI 系统设计

CI(Corporate Identity Strategy)的全称为企业形象战略,也简称为 CIS 系统。它是先于企业文化理论进入中国的一种理论,严格意义上来说,它并不是一种完全意义上的管理理论,而是基于美学基础之上的一种企业形象宣传手法。

CI 立足于视觉效果,对丰富企业文化内涵、完善企业品牌形象有着重要的作用。但很多企业往往太重视这些外显层面的建设而忽视了企业内涵的提升和完善。形成内外两张皮,一方面企业有一整套的外显企业文化"成果";另一方面,企业价值观得不到执行,人文关怀不足,员工的忠诚度不够,流动率过高、工作满意度和幸福感很低,企业的凝聚力、向心力涣散,生产率和绩效水平下降。

CI 系统是企业文化的重要内容,其主要内容如企业标志、标准色等,不是空想出来的,而是源于企业的价值观等核心理念。要充分重视 CI 系统在企业文化建设和管理中的作用,但要立足于企业文化的体系建设而不是片面的形象建设。

误区四:企业文化建设就是标语、口号

把企业文化建设等同于企业口号,也是一些企业容易进入的误区。这种企业往往会设计一套朗朗上口的口号,而且这些口号都有趋同化的趋势,往往是"团进、奋进、奉献、创新"等比较老套的口号,千篇一律,缺乏个性,重视文字的工整,忽略企业个性追求的表达等等。然后把这些口号上墙,就认为是企业文化。

于是,一走进企业的大门,就会发现从走廊、办公室到各车间的墙上

四处可见形形色色、措辞铿锵的标语口号,如"团结""求是""拼搏""奉献"等。这本无可非议,但它是否能真实地反映本企业的价值取向、经营哲学、行为方式、管理风格;能否在全体员工中产生共鸣,得到员工的认同;能否真正地起到强烈的凝聚力和向心力的作用;是否有本企业的特色,恐怕连企业的决策者和管理者本身都说不清楚。

企业文化实际就是企业中的空气,是工作的氛围,确切地说是企业的风格和习惯。从企业创立的第一天起,企业文化的基因就已经存在了,并开始和无时无刻不在发挥着作用。什么样的风格和习惯决定什么样的做事方法,进而决定企业管理的成效。如果官僚和拖沓成为企业的风格,那么员工做事一定是没有效率的;如果一个企业的风格鼓励创新,那么企业的创新就会层出不穷。

这里要分清口号和实际风格的区别。口号如果只是写在墙上,没有具体的措施和机制,没有相应的手段和制度,更没有形成相应的意识和行动,就永远不能形成创新的风格。这就不是企业文化,而只是口号。

口号是企业文化的一部分,好的口号要在企业理念系统的指导下生成,转化成员工的行动,才能起到良好的作用。

企业文化的作用可以小到为零,甚至为负数,也可以大到无穷大,相当于原子弹的威力。企业文化建设得好,我们会欣喜地感受到企业内部的氛围越来越好,犹如阵阵春风,吹醒了灵魂,吹暖了人心,吹生了希望,会令一个濒临倒闭的企业起死回生,所向无敌,步入巅峰状态;反之,不健康的企业文化所带来的负面作用也不可小视,会令企业前进的道路就此打住,从此步入下降通道,使企业从巅峰状态顷刻间回到"解放前",您看到的将是员工纷纷跳槽,中层业务骨干几乎一锅端地走人,对企业的打击往往是致命的。可见,企业文化不仅力大无比,同时也是个"双刃剑",正所谓"成也企业文化,败也企业文化"。

误区五：企业文化建设就是塑造员工

在企业文化建设中，一些企业管理者简单地认为，企业文化就是塑造员工，就是单方面通过员工的行为习惯、价值理念、思想观念甚至道德取向与企业领导同质化、统一化，建设思想上的"大一统"局面。这就大大僵化了员工创造性和积极主动性，违反了企业文化建设"以人为本"的原则。

如果一味地强调"造人"，强调员工的接受和服从，强调员工思想上的"大同"，而看不到企业文化对企业组织行为的导向和员工对企业文化的创造，那最终必然会造成员工逆反心理的产生，必然会阻碍企业的健康发展，必然导致企业文化建设出发点和最终结果的"大不同"。

企业文化是共享的价值观及行为规范，认同是前提，共享才能真正发挥员工的积极性，才是真正的思想统一，进而形成行为规范。所以企业文化不是单方面的塑造员工，而是员工共同参与对企业的塑造。

误区六：企业文化是设计出来的

很多企业追求优秀的企业文化，认为先要设计和确定一个"好"的文化理念，然后再去建设和实施。但事实上，每个企业因为其团队组成不同、业务要求不同，都有自己的风格特点，每个企业的文化都是不同的，并且先天已经形成。而这种先天条件形成的风格，在企业发展中会随着环境、战略的变化不断与时俱进地调整、提升，企业就在这个过程中不断发展。

企业文化要做的工作，是把这些先天形成的文化总结、提炼出来，使之体系化、精炼化，老员工能够心领神会，新员工易于理解。企业文化来源于实践，又高于实践，能够指导实践。

所以,企业文化不是设计出来的,而是在企业创立与发展过程中形成的,事先的设计和规划并不能保证在后来的建设中完全并很好的实现。

另外企业文化的形成需要一个过程,一旦形成就很难从本质上改变,因而它的力量才强大。否则,如果企业文化可以随时设计和改变,那么它也就没什么力量了,更谈不上发挥约束、引导等作用了。

误区七:每个企业都有企业文化

只要有人群的地方就有文化,所以每个企业都有自己的企业文化。这个似是而非的说法让许多人困惑,让许多人因此而放松了企业文化的建设和管理。

本书作者过去也这么认为。任何组织都有自己的文化,只是这种文化是自发的,初级的。这里其实混淆了广义的文化和企业文化的概念。

文化和企业文化是不同的概念。文化(culture)是一个非常广泛的概念,更强调与生活、生产实践的关系,文化是人群为了生存而对环境做出的适应方式。

凯文·凯利在《失控》中描述了蜂群现象,指出蜂与蜂群是不同的有机体。"蜂群思维"的神奇在于,没有一只蜜蜂控制它,但是有一只看不见的手,一只从大量愚钝的成员中涌现出来的手,控制着整体。从单个个体中观察不到的现象,当个体的数量增加到足够大的时候,便能够出现一种"群氓"的集体智慧,而这个集体智慧力量是很强大的,所以低层次的存在无法推断出高层次的复杂性。

凯文·凯利的描述也许有利于我们进一步理解文化,当然还不是企业文化。

企业文化更强调企业的整体行为。是否具有企业文化,其衡量的标准是企业在环境中的生存状态、在竞争中是否具有竞争优势、产品和企业是否获得顾客的认同,以及员工的凝聚力和忠诚度如何。企业文化是企业的内部成员的共同价值体系,表现为企业的"个性与风格",它以企业理念的形式得到精炼和概括并获得传播,最终由企业的产品和员工行为习惯体现出来。企业文化的存在是面对竞争、面对环境所做出的选择,是实现战略的基石,是吸引人才的保障。企业文化的核心是价值观,表现为行为,即企业的凝聚力,员工对企业的忠诚度、责任感、自豪感、精神面貌和职业行为规范,企业文化的改变会带来行为方式的改变。

企业文化的核心是价值观。没有理性的提炼、推广,企业文化难以形成。即使一个团队有相似的行为方式,但没有上升到价值观层面,就无法形成凝聚力。

如果企业在市场竞争中并没有形成自己独特的竞争优势,没有与环境和谐相处,没有与时代同步,企业形象没有获得社会的认可,产品没有获得顾客认同,员工流动性高,可以说,此时的企业并没有形成企业文化。企业所具有的只是一种自发的文化,或者创始人自己倡导的文化,企业文化还在萌芽阶段。

误区八:企业文化是固定不变的

企业员工,尤其是企业文化的负责人,常常担心企业文化的变化。因为一个理念的变化,可能会涉及一系列的工作,更重要的是对员工思想会产生不必要的影响。那么企业文化到底是要变还是不变?

文化就是多年来这些礼仪、规矩、习惯积累的结果,其核心是一种集体的心理趋向。企业文化也是如此,从创业的那一天起,企业文化的基因便随着创业者诞生了。创业者的一言一行,公司发展中的一举一动,员工的进进出出,都不断给文化加入新的内容,这些历史的积累经过沉淀、提炼、加强,便形成了企业文化的核心,成为每一个员工能日日感受到的工作交往氛围及处理事务时的心理定势。

文化是相对稳定的。"天不变,道亦不变",领导者会不断(有意或无意地)强化企业的价值观,员工的行为也不断强化企业的文化理念。一个企业很难从根本上改变自己的文化核心。苹果公司的企业文化就是创新、自由、独特;IBM 的文化特征是稳重、老到,但不乏文牍主义。

另一方面,社会环境在变化,企业为了应对外部环境,其文化不可能一成不变。

思科首席执行官约翰·钱伯斯说,变化是思科文化的一个主要部分,尽管变化使人感到不适,但是,思科是基于变化而茁壮成长。不能改变并快速适应市场环境动荡的公司将无法生存,因为现在的客户和变化中的经济需要这种能力。

埃德加·沙因认为:企业文化的本质是一种假设。企业文化是由一些被认为是理所当然的基本假设所构成的范式。这些假设是某个团体在探索解决对外部适应和内部结合问题的过程中而发现、创造和形成的。

所以,企业文化要因时而变——不同的企业发展阶段,企业文化有不同的表述,甚至产生理念的变化;但企业文化最核心的最本质的假设和管理哲学是很难变化的,即使是产业形态发生了很大变化,其文化基因很难改变。现在的 IBM 与一百多年前的产业有很大变化,但是其创新、追求卓越的文化基因并没有变化。

快速变化的经济环境和激烈竞争的市场环境,求变成为众多企业寻求持续发展的永恒主题。企业文化建设也是如此,不可能一成不变。但企业文化的一些最本质、灵魂性的东西是不宜随便更改的,除非企业出现严重的问题。企业文化与时俱进,变的是企业文化的载体、文化理念、文化制度以及文化执行方式等,不变的是企业的灵魂。

在文化创新过程中一定要科学分析,区别对待,不要将"洗澡水和小孩一块倒掉"。郭士纳担任 IBM 公司董事长期间,对 IBM 文化进行创新时就有这么一个例子,他继承了 IBM 从创始人汤姆·沃森开始形成的核心价值观"尊重客户",但是却废除了员工上班"穿深色西装、白衬衣、素色领带"的要求,因为在创始人汤姆·沃森年代,"穿深色西装、白衬衣、素色领带"是对客户尊重的有效表现形式,但是在郭士纳担任 IBM 公司董事长的 20 世纪 90 年代,这种形式已经过时了,不符合外部环境了。

企业文化是与时俱进的,应该根据社会环境与企业经营的阶段做适当调整。但企业文化建设的创新不是随意的,不是以领导人的好恶决定的,而是以客户的需求为标准的。健康的企业文化既能保持与时俱进、不断完善,同时又能坚持某些核心的价值观。

误区九:企业文化就是传统文化在企业管理中直接运用

这种观点认为企业文化就是用文化来管理企业,如有些企业家认为应该用儒家学说来管理企业,还有些企业家认为应该用老子学说来管理企业。这些学说作为中国文化的思想代表用于指导企业管理和企业经营理念,应该说具有中国特色,但问题的关键在于如何用传统文化来把握当代人的心理,来把握迅速变化的市场需求,来调整对员工的工作激励,这需要找到适当的切入点,找准其中许多具体的联系。如中国传统文化中强调对家庭的归属、对权力的依赖,重感情、重面子,突出以人为本、知人善用等,将这些文化因素和传统思想应用于企业管理,营造一个充满情感、和谐的文化氛围,在这样的氛围中实现对人性的超越,实现人与社会的共存、人与自然的和谐。但是,中国的传统文化的思想中充满了哲理与思辨,可谓左右逢源,在用于指导企业管理实践中时,需要将其操作化为具体的行为准则和经营理念。同时,中国传统文化中也有许多不利于企业创新和企业发展的因素,如知足常乐、枪打出头鸟等,这些都是抑制企业创新的隐形杀手。另外,人情交往是中国人最主要的交往方式,许多企业家长期依赖于由人情交往所编织的社会关系网即社会资本,而不把重点放在企业创新上,认为这样也能赚到钱,这样下去会逐渐形成对关系的依赖,而削弱企业自身的创新能力。这种现象的盛行固然有其社会的原因,但是,随着体制改革的进一步深入,社会资本伸展的空间越来越狭小,加入世贸组织后,市场竞争的游戏规则越来越规范,那些津津乐道于依赖社会资本的企业越来越难以生存。因此,我们在学习继承传统文化时,一是要取其精华去其糟粕,二是要找到切入点与抓手,用文化的氛围和文化价值所形成的规范去管理企业,才能凝聚员工,为企业、为社会创造价值。

中国企业的企业文化建设误区,一方面反映了我国的工业化程度不够高、规模不够大,对企业发展中规律的把握还不够,同时也反映出我们对企业文化的实质和企业文化发挥作用的内在机制理解得还不够深入。这是由于在中国企业文化的建设过程中,直接引进了企业文化的管理形式,而对企业文化的内涵、实质及适用条件等缺乏认真细致的研究,致使人们对企业文化与社会文化的关系、企业文化与企业管理的关系、企业文化的表层形式与企业文化的实质的关系等问题的基本理解上出现了偏差。与国外 20 世纪 80 年代关于企业文化理论研究到 90 年代应用研究的迅猛发展相比,中国的企业文化研究还显得薄弱,这表现在:首先,中国的企业文化研究还停留在粗浅的阶段,虽然也有一些关于企业文化的研究,但是大多数是以介绍和探讨企业文化的意义及企业文化与社会文化、与企业创新等的辩证关系为主,真正有理论根据的定性研究和规范的实证研究为数甚少；其次，中国企业文化研究严重滞后于中国企业文化发展实践，许多企业在塑造企业文化时主要是企业内部自己探讨，有些有专家学者的介入和参与研讨的企业文化，就已经形成了中国特色的理念和规范。但是由于许多企业在塑造企业文化的过程中对该企业文化发展的内在逻辑、该企业文化的定位、企业文化的变革等问题缺少长期深入系统的研究，许多企业文化实践缺少真正的科学理论的指导，缺少个性，因此难以对企业长期发展产生文化的推动力。

进入 21 世纪的中国企业和中国的经济虽然取得了巨大成就，但也面临着前所未有的挑战，中国的企业和企业管理不仅面临着转型升级的课题，也面临着走向世界的课题，尤其是"一带一路"倡议的落实和展开，中国企业既要面对同行业企业间的激烈竞争，同时又面对着全球化经济和网络时代所带来的挑战，在这样的形势下，企业文化的创新已成为企业创新不可分割的重要组成部分。要发展有中国特色的企业文化，就需要从理论和实践两方面来把握中国企业文化的发展方向，要加强企业文化的研究，提出有中国特色的企业文化理论，要加强企业文化建设实践中的科学理论指导。实际上，本书的目的就是要在这些方面做出探索和总结。

1.4 为什么你的企业总显得没文化

有些读者可能会想：我们企业十分重视企业文化，口号也上墙了，文化培训也做了，丰富多彩的企业文化活动也搞了，但总感到还缺少什么，依然觉得企业"没有文化"。为什么我们花了钱费了力，做了企业文化，却总感觉"没有文化"？

本书作者在 20 多年的企业品牌与企业文化的咨询工作中发现，企业文化建设没有获得理想的结果,每个企业的原因各有不同,但总的来说不外乎两个方面:一是不懂企业文化建设规律,没有规范的企业文化建设系统,把活动、口号等形式当作企业文化;二是有企业文化系统,但不规范,落地与深植也不够。

一、不懂得企业文化建设和管理的规律。企业文化建设虽然口头上重视,没有企业文化系统建设,方法不对;认为文化娱乐活动就是企业文化、标语口号就是企业文化,无法深入落实。企业家、企业文化负责人,往往站在自己的"文化喜好"而不是企业的业务与战略决定文化管理工作,"热热闹闹就行了",或者"领导觉得好就行了"。

企业文化并不只是标语口号和文娱活动,它有一套具体的系统和做法。关于这一点,可参看本书第二章"企业文化建设的主要内容"。

二、只有表面的工作,没有具体的落实措施。员工对企业文化没有共鸣,更没有行动,企业文化没有起到应该起到的作用;更不要谈对企业文化管理、企业文化转型、企业文化变革的重视、研究和实践。企业文化管理没有朝着经营管理的实战方向深入,只停留在一般性的建设上面,形式上的轰轰烈烈、面上的光鲜远远大于实际的成效,无法产生真正的管理效果。

相对于企业文化"落地"的提法,本书更强调企业文化的"深植"。其不同点在于,落地强调的是工作量,是一次性的工作,深植不仅强调工作量而且强调工作结果,是持续的工作。管理文化(管理的思维与行为模式)或文化管理的本质作用是激活或提升组织,形成群体的竞争优势,产生更好更持续的经济绩效。那么文化作为引领与匹配管理的体系,就必然要从实际的经营管理实践出发,找出关键成功要素,找出关键阻滞要素,找出关键驱动要素,以确立提升或变革导向。然后依照价值导向,进行流程的调整,实现价值的提升。总之全过程都是实的,一步一个脚印的。

在形成完备的企业文化理念系统的基础上,企业文化深植策略,不是一般的宣贯和培训(尽管包含传统的宣贯和培训),而是要形成完善的机制和制度,关于这一点,本书将在第三章详细阐述。这里强调以下几项关键工作:

让文化形成氛围——重视"看得见"企业文化,也重视"看不见"的文化

所谓氛围,一般是指特定环境中的气氛和情调。氛围,给人强烈的感觉,影响人的思想和行动。企业文化氛围就是一个企业中的特殊的文化气氛和情调,它是一定文化内涵的具体体现,通过直观的外显的环境所反映出来的风格和情调。它通过企业的视觉系统,包括厂区、车间和办公室的环境布置、装饰效果、宣传栏、标语口号以及员工的服饰、生活设施、文化设施等表现出来。企业文化氛围影响着企业的日常管理、员工的价值理念和企业的生产经营效率。企业文化氛围的形成是企业环境氛围、精神氛围、制度氛围三种因素共同作用的结果。

精神因素是企业文化氛围的重要内容,是指企业从企业家到普通员工所表现出来的整体精神风貌、理想追求、价值取向,包括员工对待日常工作的基本态度,员工之间进行交流的方式,企业对员工的满意度,员工对企业的忠诚度等。企业精神氛围是企业文化氛围的核心因素。

企业制度氛围是企业文化强制性的集中体现,它是指企业各项政策、规章制度及贯彻执行方式,它虽然体现了一定的强制性,但在企业文化的管理过程中,其强制程度随着员工价值理念的逐步强化而减弱。

企业环境氛围、精神氛围、制度氛围是企业文化氛围的三要素,在这三要素之中精神氛围占主导地位,其他二者通过影响人的精神间接地强

化员工的价值理念,它们辅助精神氛围的形成,并受精神氛围的影响。三要素的有机结合和相互统一构成了企业的文化氛围。

在企业文化氛围的营造中,领导者尤其是企业创始人起着关键作用。创始人、企业家是企业文化的缔造者,也是企业文化深植的第一推动力和持续推动力,他们的一言一行都影响着员工,推动着企业文化氛围的形成、理念的深植。

高级管理人员是企业文化管理的核心,是企业价值观的引领者和布道者。高层不动,全局难动。实践证明,越是卓越的组织,越重视高管阶层的文化践行,而一般组织的高管往往有很多理由来忽略和推辞领路人的文化体验,任务重、业务忙是高频次的借口。

中层管理人员是企业文化的执行者和布道者,也是基层员工体会企业文化虚实深浅的标杆。员工是否相信和践行企业的价值观,取决于中层管理者的文化表现。员工往往不会看高层领导整天讲些什么,但绝对会用中层干部的行为来检验高层倡导和企业价值观。

让理念深入人心——重视正式传播,也重视非正式传播

理念是企业文化的核心,理念的传播是企业文化建设的重要内容。可以说,没有传播就没有企业文化建设。我们平常所讲的传播一般是指企业通过各种官方的传播方式,或者组织沟通系统,包括组织的会议系统、公文系统、培训系统、媒体系统及书籍的传播。其实,在官方网络之外存在着另一种非正式网络,或称为民间网络,在企业中表现为员工之间小团体。这两类网络对企业文化传播的作用都不容忽视。正式传播权威、准确、及时,通常在组织的日常运行过程中居于非常重要的地位,也占据着从领导到基层员工相当多的时间。这一传播渠道基本能满足维持组织正常运转的信息需求。但是,对于企业文化建设目标的达成来说,单单重视正式传播渠道是远远不够的。许多研究证明,组织内存在大量的非正式小群体——非正式组织。由于非正式组织自身的特点,它的存在为组织内传播带来了几乎全部的复杂性。

相对于正式组织而言,非正式组织不是由企业正式组建,而是靠好恶或兴趣自然联系起来的群体;由于情趣一致或爱好相仿、利益接近或观点相同,以及彼此需要等原因把人们联结在一起,并依靠心理、情感的力量来维系。非正式组织的传播既可以带来正向的影响,也会带来负面影响。

非正式组织的传播、发展会导致文化的二元性。二元性是指企业内部有两种客观存在的文化:一是企业所倡导的文化,一般体现在企业手册、宣传手册、可视化标语以及领导的讲话中,一般会用"我们应该(要求)如何如何"的语言格式,是正式传播,一般会高调、公开;一是企业实际的文化,是群体在实际工作中所体现出来的文化,比如讨论问题的方式、如何面对客户、如何面对领导、遇到责任追索的态度、年底是否要走访领导等等,一般会用"其实我们一直是这样的"的语言格式,属于非正式传播,比较低调和私密。在一个企业里,许多人更愿意相信后一种文化的作用,这样才会被认同,才有归属感。两种文化有时候是一致的,但很多时候是各行其道的。二者的融合程度和一致性程度是企业文化管理成效的重要观测点。在一般性的企业文化建设中,往往紧紧围绕倡导的显性文化展开工作,让企业表面上充满"主旋律"。这也是有效的价值倡导和宣教方式,但是如果不能了解、识别那些大家都相信的"实际文化",如果不能针对"实际文化"进行有效的引导、融合和改变,员工表面迎合"大文化",实际还是按照"小规则"来行事,那么企业所倡导的大文化就很难起到统领作用,企业文化就难以成为共同遵守的游戏规则,所谓的向心力、凝聚力和战斗力也只能成为一种口号。

企业要重视非正式传播的作用,防止二元文化的产生。要以有形的企业文化建设引导非正式组织的舆论,使其目标与企业文化建设的目标一致,引导其朝向正面发展,同时,在企业文化传播中,赋予每一位员工话语权,让员工通过正式渠道表达思想,释放情绪,及时解决员工的思想、工作和生活中的问题,让每个员工都能在正式组织中实现价值。

让理念变得有力——重视理念,也重视政策与制度

企业制度是企业文化的重要组成部分,同时它对于企业文化又具有强化作用。理念依靠制度得以传播、落地和深植,制度基于理念、凭借理念获得认同和支持。制度的建立,影响人们价值观的选择,成为新的文化的基础。制度建设是企业文化建设的重要组成部分,它不仅仅是企业文化建设的一项内容,更是企业文化建设的重要支撑,突出制度建设,可以发挥刚性作用与柔性的力量,形成合力来约束职工行为,激发员工潜力。

企业文化的深植,分短效与长效两项功课。短效是通过解决企业最核心、最易产生辐射影响力的文化"痛点"问题创造短期的效果,让员工体验到新的变化,感到企业文化的成效,从而迅速地跟上企业发展的步伐。如果没有短效,文化会让员工觉得"没什么实效"而失去对文化的信心。而长效则是步步递进,以解决一系列关键问题为主题不断深入,通过企业文化建设促进企业战略的推进、品牌的塑造,形成企业持续发展的终极竞争力。短效可以借助制度的建设实现,长效更多的要靠员工理念的认同,转化为行动,并形成习惯。

企业文化深植对企业的最大价值,不仅仅是凝聚力的问题,而且是通过思维模式和行为方式的改进更有效地引领和支撑企业的转型与变革,持续提升企业整体竞争优势,并最终实现组织的目标——这对正处在转型与变革中的中国企业尤为重要。因此,企业文化落地、深植,都要站在企业可持续发展的全局战略的高度去布局,并以解决核心和关键问题为认知点、切入点和总抓手,虚实结合、长短结合、点面结合、上下结合、内外结合,坚持不懈,不断优化方法工具,不断向经营管理的纵深发展,不断取得实效,企业健康可持续的发展才会得以实现。

第二章
企业文化建设的主要内容

企业文化是企业生存和发展的重要战略资源和宝贵的物质及精神财富,是提高企业整体素质和核心竞争力的重要内容,是企业可持续发展的关键因素。谁掌握了先进的企业文化,谁就能掌握企业发展的主动权。但目前人们对企业文化的理解还不够深入,在不同语境中人们所说企业文化的含义并不完全相同,在企业文化建设和管理中,还存在这样那样的误区。

2.1 企业文化建设从哪儿开始

企业文化建设到底从哪儿开始?对不同发展阶段的企业有不同的答案。一般而言,初创企业要从规划开始建设企业文化;已经有相对规范的文化理念、发展中的企业则要从工作中的问题开始。

从零开始建设企业文化

在企业文化理论出现之前,企业文化在经营活动中逐渐产生并发生作用。创业者的价值观在企业解决内部整合、外部生存的问题,形成共享经验时,企业文化就慢慢形成了。所以说一个公司的企业文化是自己生长起来的,不是导入或者移植出来的。对于初创型的公司而言,企业文化的种子就是创始团队的文化。他们的价值观,做事做人风格,直接影响企业的文化。正如埃德加·沙因所说:"一旦领导激活了团体,团体就能够确定某种行为是否能够解决其在运行环境中有效工作的难题,并进而创建一种稳定的内在机制。其后,团体成员也会提出其他的解决方案,文化的学习过程就开始得以内在扩展。"

企业文化理论逐渐完善后,企业文化的构建就变得更加自觉和高效。企业通过有意识的规划和建设,确定企业文化基本框架,明确并共享企业文化的主要内容和步骤,会更加有力地促进企业的发展。

首先是理念系统规划。重点是企业的使命、愿景、价值观等。在对企业实际运行情况及现实形象有了清楚认识的基础上,提炼出企业的经营理念、经营战略、经营方针作为未来管理的基本方向。对初创企业而言,理念系统的构建实质上是一种设计,是以创始人的基本价值观为核心的设计。理念是企业处理日常运营的准则,是企业文化的源泉,许多经营中的观念、原则都是由此衍生出来的。

理念的诞生,可能来自领导人的直觉,可能来自某些经营事件,可能来自精心的研究设计。无论怎样,都要参照发展战略、产业要求等因素进行严格的论证、取舍、提炼、概括,做到概念具体可行,内容简洁精炼,文字形象生动,便于记忆传播。对企业文化的每一个项目也应当按照这样的要求进行构思设计。

其次是视觉系统规划,这是看得见的企业文化。它将企业的理念、行为视觉化、具体化,是企业文化涉及面最广、效果最直接的对内、对外传递信息的部分。

第三是行为系统,是企业执行的文化,是外部可以感受到的企业文化。它是指企业在实际经营过程中主要行为的规范化,以便经营管理的统一化。行为系统分为对内和对外两部分,本书将在本章第四节详细论述。

　　企业文化规划完成后,接下来是落实执行。首先要有完善的组织机构,选择和培养企业文化建设与管理的骨干,创造舆论环境和认同氛围,并根据实际情况创造相应的物质条件,充实和活跃企业文化的载体。其次要强化企业文化的宣传,实现员工的共享。采取各种形式,使每个员工了解并接受企业文化。尤其是通过培训,使企业文化逐步渗透于员工的心灵当中,培养员工的优秀品质,培育出本企业的模范人物,从而起到引领和示范作用。第三是促使企业文化外化于员工的具体行为,即落实到工作上,精神力量转化为物质力量,也就是说,要让企业文化"做功",成为企业发展的强大推动力。

从企业的问题入手建设企业文化

　　就是通过分析问题,找到原因,进而确立解决办法及背后的价值观,形成系统的理念、视觉和行为系统。

　　有一项调查,当企业经营者被问及希望通过企业文化建设达到什么目的时,居于首位的选择是"增强企业凝聚力"。可是当问及你最满意的企业文化内容是什么时,回答第一位的是"企业品牌"或"企业形象",那些与凝聚力关系更密切的使命、价值观、行为规范则一个个地排到了后面。于是我们就看到号称企业文化建设一个个形象工程的出现。企业口号的文化品位越来越高,但是企业员工却不明其意,更难以落实到行动中。从解决企业发展中问题开始建设企业文化,更容易让员工理解,也更容易见到成效。

　　1993 年,IBM 这家超大型企业亏空高达 160 亿美元,已经步履维艰,正面临着被拆分的危险。面对这样一个烂摊子,郭士纳上任后做的第一

件事情,就是改造 IBM 的流程,而不再把目光只盯在企业经营上。过去
IBM 的流程是以产品为导向、是在自我封闭的环境里设计和运营的,郭
士纳大胆地围绕"以客户为导向"的理念,将流程和组织结构做出开放式
的变革。结果,IBM 的文化从老沃森父子的家庭文化中走了出来,形成
了高绩效文化。

郭士纳后来回忆当年为什么有胆量接手 IBM 时说:"高科技企业亏
损,都不是因为技术问题,而是因为管理问题。"

流程与文化当然紧密相连,企业采取什么样的管理流程,实际是背
后的文化理念在起作用。

企业文化建设的核心是建树企业的价值观,以理念"引导"企业行
为,但企业文化建设又不是以理念"塑造"为根本目的的。真正的企业文
化建设需要企业领导人具备敏锐的眼光,不断发现企业发展中的问题,
找准切入点,实施系统的方案,进行配套改革,实现企业的全面发展。如
此,随之而来的才是新文化氛围的形成。

领导人率先垂范永远是第一位

万豪国际酒店集团的企业文化有一段时间明显表现为表面功夫。
例如:员工总是在加班工作,有些经理在不必要的情况下仍然在酒店逗
留,他们甚至做一些不必要的工作来打发时间,以拖延员工的下班时间。
久而久之,人们渐渐觉得不加班就有负罪感。

万豪国际新英格兰地区副总裁比尔·芒克看到了这种现象背后的
问题。首先是一些优秀员工陆续流失;其次,员工缺乏工作的主动性,即
使能够表现自我的时候也没有多少热情。无形中,不加班好像就得不到
领导的肯定。可谁不希望有更多的时间与家人在一起呢!

如何改变这些经理们的工作方式? 比尔意识到,必须从上层开始,

从我开始。

下午3点半,比尔背着健身包一边走出酒店一边说:"我回家了,这个星期真漫长,再见!"

他暗自思忖,员工们看到这种情形,他们必然觉得自己也可以这样做。

3个月后,比尔发现情况在不断改变。6个月后,咨询顾问做了一个调查,85%的员工表示:工作表现比工作时间更重要。

显然,在企业文化变革中,管理层的示范作用举足轻重,而首先是管理者自己的工作方式在带动着其他人。有企业老总问:"塑造企业文化什么最关键?"那就是:先把你自己塑造成企业文化的楷模。

很多企业领导在企业文化建设中忽略了自身的作用,并未对自身的行为、领导方式进行有效变革,只是简单地把企业文化建设的功能赋予企业文化部、人力资源部,领导的行事风格不变,甚至有意无意地违反企业文化的规范,结果可想而知,这些部门也很难将企业文化建设做实质性的推进。

2.2 理念系统:企业文化的原动力

埃德加·沙因认为:"一个团体的文化可以被定义为:在解决它的外部适应和内部整合问题的过程中,基于团体习得的共享的基本假设的一套模式,这套模式运行良好,非常有效,因此,它被作为相对关键问题的正确认识、思维和情感方式授予新来者。"沙因所说的"一套模式",包含了企业的行为方式和思维习惯,其中理念系统,就是指导行为的"基本假设"。

企业文化理念体系是企业文化的核心层次,是形成制度文化、行为文化和物质文化的思想基础,是企业的灵魂。理念系统反映了企业的信仰与追求,指导着企业的经营管理行为,在对内统一思想、凝聚和激励人心、产生心理约束和行为导向,对外树立良好的企业形象、扩大积极的社会影响等方面发挥着关键的作用。

企业理念是企业处理一切问题的指导原则,把理念体系扩展为动态的企业经营活动、静态的视觉传达,就是完整的企业文化。企业理念对企业行为、视觉具有一种统摄作用。没有理念的企业只会是一盘散沙;没有理念的企业活动不仅行动难以一致,也不会有一致的评价标准,参与其中的员工各行其是,行动的效率低,客户的感受也是散乱的。

理念系统自身是很难实现其价值的,它必须依赖企业活动、员工行为和企业视觉设计来完成。

企业文化理念体系目前在学术界、企业界并没有形成统一的标准,存在着层次不清、概念混淆、体系残缺等一系列问题。造成这一现实的主要原因在于:企业文化的理论研究与建设实践在中国发展的时间尚短,很长时间都处于探索阶段,加之企业界、学术界、咨询界人士存在的浮躁情绪,急于求成的思想,对企业文化及企业文化理念的价值意义认识不深,对企业文化理念的层次概念解析不透,理论与实践差距很大,导致没有形成一个真正有权威的、相对统一的企业文化理念体系模型。

目前,理念系统的名称五花八门,如文化大纲、文化纲要、基本法、文化法典、文化宪章,等等。理念体系的要素也种类繁多。据粗略统计,国内常见的有关企业文化理念要素的说法有 70 多种,例如:企业信条、企业哲学、企业定位、企业作风、基石、使命、宗旨、愿景、价值观、管理特色、用人理念、服务理念、生产理念等等。

根据多年企业文化实践和咨询经验,本书作者认为:作为企业文化的核心层次,企业文化理念体系应该具备三个基本特征,即:概念准确,层次清楚,理念要素完整;逻辑关系清晰;同时要易于理解和把握,理论高度与可操作性兼备。

为此,在广泛梳理国内外知名企业的文化理念体系案例、总结优秀企业的企业文化实践,以及各方学术观点的基础上,结合语言学的要求,我们提出新时代企业文化理念体系模型。

我们的所有思考都可以归入哲学的三大基本命题:我是谁,我从哪里来,到哪里去。企业文化理念体系也应该回答企业哲学的三大基本命题,即"我是谁?""到哪去?""如何走?"我们可以按企业哲学的三大命题,来划分企业文化理念体系的层次,并将文化理念常用的要素与之对照归类。

第一层,核心理念。回答"我是谁"的问题。德鲁克认为,创办企业的第一问题就是"本企业是个什么样的企业"。其他理念都是对核心理念的阐述与表达,都是以此为核心的延伸。

核心理念包括:企业核心价值观、企业精神、企业作风。

第二层,战略理念。是企业基于企业战略思考所形成的基本理念,阐释的是企业存在的根本目的和追求的远大目标。回答我们将走向哪里?也就是企业的使命、愿景(Vision)、目标。这就是企业的使命(Mission)、企业存在的价值或者说意义。

第三层,应用理念。回答我们如何达成目标、引领我们行动的信念是什么。也就是对市场、对客户、对员工、对产品、对管理意识等方面的观点、原则,如管理理念、人才理念等。

核心理念与战略理念都属于全局性的理念。核心理念重点表达了价值观层面的内容,战略理念表达企业战略的方向和原则,而应用理念重点表达业务执行层面的内容。核心理念可称之为企业文化的"基因",具有稳定性和持久性。成功的企业往往是因为长期坚定地遵循了既定的价值理念;战略理念和应用理念会随着企业发展的生命周期和战略的变化而调整。IBM 历经多次战略转型,企业文化与时俱进变革,但是其"尊重个人、给顾客最好的服务、追求优异"的核心理念没有变化。

企业三大命题	理念层次	关键要素
我是谁	核心理念	价值观、企业精神 企业作风
到哪去	战略理念	使命、愿景
如何走	应用理念	经营理念、产品理念、研发理念、投资理念、生产理念、营销理念、客户服务理念、发展理念等 管理理念、工作理念 人才理念、质量理念、安全理念、学习理念、创新理念、沟通理念等

　　企业文化理念体系集中于系统表述企业最基本的存在假设、价值判断与运营规则,因企业所处的行业领域、成长阶段、理念应用以及表述习惯的不同,往往在具体的文化理念体系构建上存在差异,这应该是允许的,但原则上既不要简单粗陋,也不要繁复庞杂,过度创新。

　　企业理念系统建设中常见误区表现为两个方面。一是忽视理念,认为只要有漂亮的门面装潢、大量的内外宣传,就是建设企业文化。正如上文所言,没有理念的指导,视觉设计、宣传报道都是随意的,最后会导致传播效果事倍功半,企业形象模糊散乱。二是理念规划只关注其语言的华丽表达,不能和企业行为需求有机结合,难以产生实际的效果。

　　(一)核心理念

　　核心理念阐述的是企业本质特点,是企业为完成使命和实现愿景必须持久坚持的基本信仰。核心理念是企业文化理念体系中最核心的部分,回答了"我是谁"的问题,是企业战略背后的假设,其他理念都由此而生发,展示了与其他企业本质上的不同,是战略理念和应用理念的有力支撑。

核心理念包括以下三大要素:

1. 核心价值观

企业间最大的区别是价值观的不同,这在同一行业的企业中表现尤为明显。核心价值观回答了"我们是谁"的问题。企业价值观是指企业必须拥有的终极信念,是企业哲学中起主导性作用的重要组成部分,它是解决企业在发展中如何处理内外矛盾的一系列准则,是企业及其每一名成员必须共同信奉、不懈追求的持久信仰和价值判断标准,集中反映了企业对如何有效经营企业的基本看法。如企业对市场、对客户、对员工等的看法或态度,它影响与表明企业如何生存的立场。

核心价值观是企业所具有的不可交易和不可模仿的独特文化元素,是一个企业解决自身发展中如何处理内外矛盾的、"本质的和永恒的"一整套准则,表明了企业如何生存的主张和用以判断企业运行当中大是大非的根本原则,即企业提倡什么、反对什么、赞赏什么、批判什么。核心价值观既不能被混淆于特定经营实务,也不可以因为企业的财务收益和短期目标而改变。比如:当创新、服务和短期利益发生矛盾时,不同企业的行为选择就明显受到企业价值观的支配,利益导向的价值观会放弃服务质量的提升而维持既得的利益,而服务导向的价值观念则会不惜代价提高服务质量。这些做法看似企业长远利益与短期利益的选择,其实背后都是价值观在起作用。

核心价值观的内容不是单一的,它应该包含了多角度的主张,由此来约束与激励全体员工的决策行为,尊重相关者地位或满足相关者利益。如阿里巴巴的核心价值观:客户第一、团队合作、拥抱变化、诚信、激情、敬业。也可以重点突出强化某一方面的内容,比如:IBM 的"最佳服务精神"、谷歌的"不作恶"等。

核心价值观必须得到企业员工广泛而深刻的认同,才能使人们超越文化、民族、城乡、地域等方面的背景差异,消除彼此之间的分歧和隔阂,增强企业的归属感和向心力,促进内部稳定、增强社会认同。

管理学权威吉姆·柯林斯经过长期的企业研究后,得出这样一个结论:真正让企业长盛不衰的,是深深根植于公司员工心中的核心价值观。核心价值观应该是没有时限地引领企业进行一切经营活动的指导性原则,在某种程度上,它的重要性甚至要超越企业的战略目标。核心价值观是企业哲学的高级层次,是选择使命和愿景的决定因素,是履行使命、实现愿景的根本保障。

要用核心价值观塑造企业的行为。企业核心价值观明确告诉员工什么是应该做的,什么是不该做的,对员工起着一种非正式的系统控制的作用。而统一的集体行为是实现企业目标的基石,是围绕企业目标有效运作的重要保证。潜移默化的文化氛围,长期积累的文化底蕴,能够使员工形成与核心价值理念相一致的集体行为。可以说,衡量企业凝聚力大小的标准是,集体行为的统一程度、运作强度、持续韧度。实践证明,那些成功企业的文化建设之所以能够成为推动企业发展的动力,一个重要原因就在于企业价值观深植于员工的内心,变成员工的行为和岗位实践。特别是拥有强大集体行为的企业,实现目标的力度越大,就越需要统一的核心价值观规范员工的行为,使个人行为与企业行为统一起来,变制度规范为行为规范,变外在约束为内在约束,变多元文化为一元文化。因此,加强企业文化管理,就要在全员共同认知和实践核心价值观上下功夫,形成符合企业价值观要求的员工共同的"做事方式",营造适应经济、社会发展、顾客需求的企业运行环境。

2.企业精神

企业精神指企业员工所共同具有的内心态度、思想境界和精神追求，是企业在长期的经营管理实践中不断总结提炼并逐渐形成的，是现代企业意识与企业个性相结合的一种群体意识，是企业核心理念的概括反映和体现。与核心价值观侧重解决企业经营的思想境界问题不同，企业精神侧重解决的则是企业团队的精神状态和整体风貌。

企业精神是企业内部最积极、最闪光，也是全体员工共同的一种精神状态。企业要想实现远大使命和美好愿景，就需要企业的全体员工始终坚守一种共同的精神规范。比如：海尔的企业精神是"创造资源，美誉全球"，IBM 的企业精神是"IBM 是最佳服务"。

优秀企业的企业精神体现着自己的个性，简洁生动，与时俱进。企业精神一旦形成，就会产生巨大的有形力量，对企业成员的思想和行为起到潜移默化的作用。因此，通过培育和再塑企业精神，有利于建设一支富有战斗力的、纯洁的员工队伍；有利于塑造优秀的企业形象，增强企业的知名度和社会美誉度，从而最终达到提高企业核心竞争力的目的。

3.企业作风

企业作风是指企业在实现目标过程中所表现出来的一贯态度和行为处事的风格，是企业核心价值观和企业精神的彰显和外化，是企业与外部世界的联系、与内部员工的沟通做事风格，是"我是谁"的一个重要侧面，影响着经营行为和发展方向。

企业作风的好坏是衡量企业文化是否健康的重要标识。在作风健康的企业里充满正能量，员工群体会自觉积极地抵制不良社会风气，主动与企业同呼吸共命运、保证企业健康发展。企业作风建设不是自然形成的，需要企业的积极倡导和推动，最终是通过员工的行为反映出来的，成为影响企业形象的一个重要因素。比如海尔的企业作风是"人单合一,速决速胜",体现了海尔一贯倡导的内部协作,强调了速度制胜。江苏孝仁堂的企业作风是"细节、速度、效率",强调了其会议营销模式对细节的要求。

良好的企业作风,能够形成内部的良好氛围,提升企业员工的工作境界,能够协调企业的组织与管理行为,有助于建立科学、规范和高效的企业运行秩序,从而提高工作效率和经营业绩。反之,一些企业作风华而不实、官僚主义盛行,企业就会充满负能量,会严重降低企业的工作效率,会对企业的长远发展起到极大的破坏性作用。

(二) 战略理念

战略理念是基于企业战略所形成的基本理念,阐释的是企业存在的根本目的和追求的远大目标。战略理念不是表达战略的具体内容,而是企业在制定战略、形成战略的过程中遵循的原则。战略理念是企业文化理念体系中必不可少的基础部分,是核心理念在企业发展中的应用,决定企业的发展和经营管理理念的方向。战略理念会随着企业内外环境的变化、生命周期的不同而有所调整,相应的战略内容也会变化。

战略理念部分主要有以下两大要素:

1.企业使命

使命是一个组织在社会进步和社会经济发展中所应担当的角色和责任。使命体现了组织对事业的重视程度,决定了组织的动机。

企业使命是企业的存在理由,是企业根本的、最有价值的、崇高的责任和任务,是企业的终极意义。企业使命是企业对社会提供的产品或服务的一种抽象描述,回答了企业"到哪去"的宏观方向和基本原则,在业务层面,它回答的是"我们要做什么"和"为什么这样做"的根本动机问题。

企业使命不是产品的具体业务指标,也不是企业发展的具体目标。

优秀企业的企业使命一定是超越纯粹商业利益，呈现出对人类、对社会、对行业的价值。沃尔玛的使命是"给普通百姓提供机会，使他们能与富人一样买到同样的东西"，苏宁的使命是"引领产业生态、共创品质生活"，都超越了产品与服务本身。

阿里巴巴集团官网首页展示了其使命："让天下没有难做的生意。"马云说："阿里巴巴应该有赚钱的能力，但绝不应该成为一家因为赚钱而存在的公司。我们真正的使命，是用好技术和创新的力量，让世界经济更加普惠共享，可持续发展和健康美好。"绿谷制药的使命是"只做人类最期盼的药物"，回答了绿谷公司的存在价值，最终走向哪里。制药是绿谷的业务，但绿谷不走寻常路，普通的、常规的药物已经有许多企业在生产销售，绿谷只做人类最期盼的药物，解决那些目前无法解决的健康问题，如危害人类健康的心脑血管疾病、阿尔茨海默病等慢性复杂性疾病，就是绿谷要解决的问题，是绿谷要研发、生产的药。

明确、崇高、富有感召力的使命是引导和激发全体员工创造热情的持久动力之源，将使每一位员工认识到工作的真正意义，产生自动自发、甘于赴汤蹈火的内在驱动。

使命涵盖了企业对过去的认识、反思以及对未来的期望和判断，反映了公司事业的价值取向和哲学定位，或者也可以反过来说：使命是核心价值观的载体，是企业实现愿景必须承担的责任或义务。

2.企业愿景

愿景（Vision）又译作远景、远见，是指组织内部成员所制定，由团队讨论，并获得共识，形成的大家愿意全力以赴的未来图景。愿景可以改变组织和个人的关系，变"他们的组织"为"我们的组织"，使原本相互不信任的人一起工作，逐步互相信任。

企业愿景回答的是"企业最终成为什么"的质询，明确界定和告诉人们企业将做成什么样子。愿景是一种意愿的表达，概括了企业的未来目标，描述的是对企业未来发展的一种期望和大胆假设，是企业永远为之奋斗并最终希望实现的理想蓝图。

愿景可以有不同风格的表述方式，但优秀企业的企业愿景有着突出的共性，即目标宏伟、清晰可见、路径明确。华为技术有限公司愿景："共建更美好的全联接世界"，其中内涵十分丰富，包括了清晰的图景：全联接；清晰的路径：更美好的，共建的。

绿谷制药的愿景：打造大脑精准诊疗医疗平台。首先是清晰可见的图景：平台是指一套完整的、严密的服务于精准医疗的软件产品及相关规范。

其次是清晰可见的路径。精准医疗（Precision Medicine）是以个体化医疗为基础、随着基因组测序技术快速进步以及生物信息与大数据科学的交叉应用而发展起来的新型医学概念与医疗模式。其本质是通过基因组、蛋白质组等组学技术和医学前沿技术，对于大样本人群与特定疾病类型进行生物标记物的分析与鉴定、验证与应用，从而精确寻找到疾病的原因和治疗的靶点，并对一种疾病不同状态和过程进行精确分类，最终实现对于疾病和特定患者进行个性化精准治疗的目的，提高疾病诊治与预防的效益。

绿谷倡导和探索的精准医疗，把生命置于进化的时间维度和天人和谐相生的空间维度，更重视"病"的深度特征和"药"的高度精准性；是在对人、病、药深度认识基础上，形成的高水平医疗技术。

绿谷倡导的"绿色"，不仅是以无创伤或最少的创伤带给患者最有效的治疗，而且要在医疗领域倡导更先进的社会价值观与文化，包括对生命与自然充分尊重、在自然的大环境中关照人类个体的健康、取材自然的用药原则等。以患者为中心的理念，是绿色医疗的灵魂所在。

通过药物效果、良好的服务以及对健康文化的推广，绿谷品牌将成为优秀的健康管理品牌。

愿景可以从企业立足的产业领域及要达成的目标，包括对社会（也包括具体的经济领域）的影响力、贡献力、在市场或行业中的排位（如世界500强）、与企业关联群体（客户、股东、员工、环境）之间的经济关系来描述。但是，愿景不应等同于企业的阶段性战略目标，比如某公司的"到2025年实现销售额1000亿，进入世界500强"，就不是严格意义上的愿景。

愿景是结合行业发展势态、企业核心竞争力及企业家个人的志向抱负所提出的远景目标，其包含着实现目标的主要战略组合和节奏控制，可以根据不同的发展阶段和战略调整进行调整。比如微软在发展的不同时期都提出了相应的愿景。1975—1999年："让每台桌上、每个家庭都有一台个人计算机"。2000—2009年提出："提供能够为人类发挥最大潜力的优秀软件"，可以看出微软这一时期的核心业务是软件；2010年之后："帮助个人和企业充分发挥他们最大的潜力"，可以看出其业务已经开始向人工智能领域拓展。愿景展现的是使命达成时的景象，或者是说：我们将以何种形态或身份完成我们的使命；是组织团结奋斗要实现的图景，是战略共识的形象化。只有准确生动地描述企业的愿景，员工、社会和合作伙伴才能对企业有更为清晰的认识。企业有了愿景，就有了长期追求的目标，员工就有了一个明确而持续的努力方向。

（三）应用理念

应用理念回答的是"如何做"的问题，阐述的是企业在经营管理的各个系统必须遵循的行为原则。应用理念是企业文化理念体系的血肉部分，是以核心理念为基础、以战略理念为支柱而具体落实到企业经营管理上的应用。

在企业文化理念体系中,应用理念不可或缺,缺少应用理念或应用理念不完整,核心理念与战略理念就无法落地,企业文化就极容易成为空洞的口号。

应用理念属于局部性的企业文化理念,具有一定的阶段性,会因发展阶段或战略、业务的变化而增加、减少等调整,但无论如何调整变化,都必须符合核心理念和战略理念的整体要求,否则应用理念就成了无源之水、无本之木。

应用理念分为经营与管理两大方面,其中每一个方面都可以根据企业发展阶段和行业的特点增加内容。这里有必要对经营与管理稍加论述。

管理与经营是两个不同的大概念。在企业发展的不同阶段,其重要程度也不一样。对企业而言,经营是围绕绩效目标计划、组织、治理,侧重指动态性谋划发展,而管理侧重指使其正常合理地运转,是围绕计划去组织落实、指挥协调及控制等职能的活动过程。经营和管理合称经营管理。

陈春花教授对经营与管理有精彩论述,她的主要观点是:第一,管理做什么,必须由经营决定;第二,管理水平不能超越经营水平。

管理的目的有两个:提高效率和降低成本。经营的目的有两个:完成生产要素的流动,实现增值。"经营"是选择对的事情做,管理是要把事情做对;经营是赚钱,管理是省钱。

管理做什么要由经营确定。通常情况下,薄利多销经营,对应规模化和成本管理;一分价钱一分货经营,对应品质和品牌管理;服务化经营对应流程管理;定制化经营对应柔性化管理等。

从资源分配角度而言,管理不能大于经营。因为一个公司的管理能力大于经营能力的话,那常常意味着亏损。这就是为什么有的公司制度很健全、文化理念很先进、人才很优秀,但就是经营不景气的原因。虽然你很懂管理,但是你的管理观有问题。

1.经营理念

所谓经营理念,就是管理者追求企业绩效的原则,是企业系统的、根本的经营思想,作为核心理念下的应用理念直接指导着企业的一切经营活动。企业根据经营理念确认顾客、竞争者以及职工价值观与正确经营行为,在此基础上形成企业追求的经营目标。

经营理念具体可细分为:投资理念、发展理念、产品理念、研发理念、采购理念、生产理念、营销理念和客户服务理念等要素。

经营理念首先要立足于企业的资源,尤其是核心竞争力,这是一切经营活动的基础,强调"品质",就要有提高品质的资源和措施。麦当劳的经营理念是麦当劳经营行为的指导原则:品质(Q)、服务(S)、清洁(C)、价值(V),它的资源分配、工作流程等都紧紧围绕 QSCV 这四个要素展开。

其次,经营理念必须为社会所认同。因而,理念的开发与设计必须同公众和消费者的价值观、道德观和审美观等因素相吻合,以得到社会公众的认同,获取较高的知名度和美誉度。

第三,经营理念必须经常在接受检验中修改丰富。经营理念不是永久不变的。事物是发展变化和运动的,企业经营理念一定要随着外部和内部环境的变化而变化。

【案例】麦当劳的经营理念

雷·克罗克在麦当劳创立的初期,就设定了麦当劳的经营四信条:即向顾客提供高品质的产品,快速准确友善的服务,清洁优雅的环境,做到物有所值,就是"Quality(品质)、Service(服务)、Clean(清洁)、Value

（价值）。麦当劳几十年恪守"QSC&V"四信条，并持之以恒地落实到每一项具体的工作和职工行为中去。

品质：北京麦当劳95%以上的产品在当地采购，但这要经过四五年的试验。例如，1984年麦当劳的马铃薯供应商就派出专家来到中国，考察了黑龙江、内蒙古、河北、山西、甘肃等地的上百种马铃薯，最后在承德围场培育出达到麦当劳标准的马铃薯。麦当劳对原料的标准要求极高，面包不圆和切口不平不用，奶浆接货温度要在4℃以下，高一度就退货。单是一片小小的牛肉饼就要经过40多项质量控制检查。任何原材料都有保存期，生菜从冷藏库拿到配料台上只有两个小时的保鲜期，过时就扔掉。所有的原材料都严格按生产日期的先后顺序码放和使用。生产过程采用电脑控制和标准操作。制作好的成品和时间牌一起放到成品保温槽中。炸薯条超过7分钟、汉堡包超过10分钟就要毫不吝惜地扔掉，这些被扔掉的食品并不是变质不能食用，只是麦当劳对顾客的承诺是永远让顾客享受品质最新鲜，味道最纯正的食品。

服务：从员工进入麦当劳的第一天，就开始训练如何更好地服务，使顾客百分之百地满意。麦当劳全体员工实行快捷、准确和友善的服务，排队不超过两分钟。按麦当劳标准，服务员必须按照柜台服务六部曲来服务，在顾客点完所要食品后，服务员在一分钟之内将食品送至顾客手中，同时餐厅还专门为小朋友准备了漂亮的高脚椅和精美的小礼物，餐厅也为顾客举办各种庆祝活动，为小朋友过欢乐生日会和安排免费店内参观，为团体提供订餐及免费送餐服务。

清洁：上岗操作必须严格洗手清毒，用洗手槽的温水把手淋湿并使用麦当劳杀菌洗手液，刷洗手指间与指甲，两手一起搓揉至少20秒彻底冲洗；用烘干机将手烘干。手在接触头发、制服等任何东西后都要重新洗手消毒，各个岗位的员工都不停地用消毒抹布和其他工具清洁，以保证麦当劳餐厅里里外外整齐干净,所有的餐盘、机器都会在打烊后彻底拆洗清洁消毒。

价值:麦当劳食品不仅质量高,且营养也是经科学计算后配比的。营养丰富,价格合理,让顾客在清洁愉快的环境里享受快捷、营养丰富的美食,这些因素合起来,叫作"物有所值"。

2.管理理念

管理是为了实现某种目的而进行的决策、计划、组织、指导、实施、控制的过程。管理的目的是效率和效益。管理的本质是聚合企业的各类资源,充分运用管理的功能,以最优的投入获得最佳的回报,以实现企业既定目标。管理的核心是协调,协调的中心是人。工业经济时代,土地、劳动、资本是最基本的生产要素,企业管理思想是以物为中心的。随着科技的发展和社会的进步,以人为本的管理理念逐步代替以物为本的管理思想。所以优秀企业的管理理念都十分强调对人的关注。企业文化就显得十分重要。

企业管理理念是指导企业管理活动的指导思想,是企业在处理工作安排、工作流程、人际关系等管理活动中应该具有和遵循的理念。管理理念具体可细分为工作理念、人才理念、质量理念、安全理念和学习理念、创新理念、沟通理念等等。

应用理念有些是共性的,比如上文中的发展理念、产品理念、人才理念、工作理念等,有些细分要素因其所在的地区、行业的不同可有所差异取舍。比如质量理念,一般生产型企业都会有这一要素,海尔的质量理念是:"优秀的产品是优秀的人干出来的。"强调了产品与人的关系。比如安全理念,虽然安全对于所有企业而言都十分重要,但只有部分生产型企业会特别强调,其中大部分采掘类企业都有这一要素。皖北煤电的安全理念是:"珍爱生命——让安全成为我们的习惯、事故可防可控。"通过安全理念的提炼和传播,形成员工安全工作指导原则。其他如研发理念、采购理念、营销理念和客户服务理念等要素,都只在相关的企业出现。

【案例】江苏孝仁堂理念系统

孝仁堂简介

江苏孝仁堂生物科技有限公司成立于 2009 年,是一家专业为中老年人提供健康培训、健康咨询服务、健康产品和健康养生个性化方案定制为核心业务的健康服务机构。孝仁堂在南京、上海、常州、江阴、宜兴等地共有多个分支机构。

一、价值观

1.关于价值观

价值观是基于人的一定的思维感官之上而作出的认知、理解、判断或抉择,也就是人认定事物、辨定是非的一种思维或取向,从而体现出人、事、物一定的价值或作用。

2.孝仁堂价值观:以孝立身、仁爱天下

释义:《说文解字》解释"孝"字:"善事父母者。"指对父母尽心奉养并顺从。中华民族历来重视孝,所谓"百善孝为先"对父母不孝的人很难与社会和谐相处。《中庸》:"仁者人也,亲亲为大"。孝仁堂要求所有员工首先要孝顺父母,并推己及人,"老吾老以及人之老",用孝心、爱心对待我们服务的所有客户,进而奉献社会,为和谐社会建设贡献力量。

二、愿景

1.关于愿景

愿景是指内部成员所制定,由团队讨论,并获得共识,形成的大家愿意全力以赴的未来图景。

愿景可以改变组织和个人的关系,变"他们的组织"为"我们的组织",使相互不信任的人一起工作。

2.孝仁堂愿景:老年人首选的健康服务机构

释义:

孝仁堂聚焦健康产业,以健康文化为旗帜,以现代医学为理论依据,中西结合,为每个人提供健康管理方案。

孝仁堂希望通过努力,揭示健康的奥秘,形成有效的健康方案,用健康方案服务社会。人们遇到健康问题,首先想到孝仁堂。

三、使命

1.关于使命

使命是一个组织在社会进步和社会经济发展中所应担当的角色和责任。使命体现了组织对事业的重视程度,决定了组织的动机。

2.孝仁堂使命:让人人健康,让社会和谐

释义:

孝仁堂的存在不是为了经济利益,而是要通过我们良好的产品、服务,让每个人,尤其是老年人健康,进而影响整个社会;同时我们还会通过我们的身体力行,存善念,做善事,让社会更和谐。

四、经营理念

1.关于经营理念

经营理念是系统的、根本的经营思想。经营活动都要有一个根本的原则。经营理念决定企业的经营方向,和使命与愿景一样是企业发展的基石。

2.孝仁堂经营理念:企业平台化,服务个性化

释义:

孝仁堂是一个个人成长的平台,每个员工都在这里尽情发展;孝仁堂是一个合作共赢的平台,欢迎志同道合的人加盟合作,共同成长。

孝仁堂有核心的健康理念,对每一个消费者会依据其不同情况,提供个性化的服务。

五、企业精神

1.关于企业精神

精神是指个人或组织表现出来的活力,企业精神是指企业中员工所有的共同内心态度、思想境界和理想追求。

2.孝仁堂精神:务实创新、不断超越

释义:

务实是指我们的一切行为都是为了企业发展、客户健康以及合作伙伴的成功;创新是指我们能与时俱进,根据客户需求、市场变化及时调整战略,不断进步,不断收获;不断超越不仅是销量的不断增加,更多的是指我们能不断进步,对社会做出更大贡献,实现人生价值。

六、企业作风

1.关于企业作风

企业作风是指一个企业在长期的生产经营等实践活动中形成的一种风气,是组织内质的外在表现,是组织在各种活动中所表现出来的一贯态度和行为处事的风格。

2.孝仁堂作风:细节、速度、效率

释义:

整合营销是我们的主要商业模式,其特点要求我们首先要做好细节。任何一点细节的瑕疵都会使我们的工作前功尽弃。

市场竞争激烈,我们必须以高速度、高效率才能赢得消费者的认同,使企业不断发展。

七、人才理念

1.关于人才理念

人才理念是指关于人才的本质及其发展成长观念的基本观点。在进行人才培养、教育、使用、考核、引进等方面工作中,都受到人才理念的影响。

2.孝仁堂人才理念:孝仁立身,实干巧干

释义:

孝仁堂认为,人首先要有孝心,对父母孝,同时能"老吾老以及人之老",对所有的长辈都能以孝心对待,对社会的仁爱也就有了;孝仁堂的员工不仅勤奋务实,而且善于用脑,用智慧去工作。

八、工作理念

1.关于工作理念

员工如何对待工作;企业在管理工作中通过树立一定的观念去引导员工的工作向积极、健康的方向转变,以改善员工的心态,提高员工的工作积极性。

2.孝仁堂工作理念:服务就是行善,工作就是成长

释义:

我们的工作,本质上是服务。通过我们的努力,客户的身体健康了,心情好了,我们就是在做好事,在行善;在这个过程中,我们每个人不仅是获得了劳动报酬,也获得了工作技巧及精神境界的提升。

九、管理理念

1.关于管理理念

管理理念是企业管理活动的指导思想。

2.孝仁堂管理理念:制度化、标准化、人性化

释义:

孝仁堂品牌战略决定了其管理必须"制度化、标准化";没有制度化、标准化,我们的工作效率不高,但绝不能刻舟求剑,生搬硬套;"人性化"是健康文化的要求,也是孝仁堂核心价值的另一侧面的体现。

十、服务理念

1.关于服务理念:为客户提供服务的基本指导思想

2.孝仁堂服务理念:专业化、个性化、亲情化

释义:

孝仁堂从事的是健康产业,没有专业化,就不能很好地服务客户;我们提供的服务,不简单是销售产品,最终目的是为了客户的健康。

客户的身体状况不同,我们的服务方案也不同。

在服务过程中,无论客户是否购买了我们的产品,都应该热情周到,体现"老吾老以及人之老"的精神。

十一、产品理念

1.关于产品理念

企业或品牌对产品的观念,是研发、生产、延伸产品的标准。

孝仁堂产品理念:聚焦健康领域,兼顾功效和市场。

释义:

孝仁堂为每个人提供健康管理方案,所选产品。一定把产品效果放在第一,要精益求精,优中选优,让养生更安全、更有效;同时兼顾市场需求。

资料来源:《孝仁堂理念系统(2015 年)》

2.3 视觉系统:看见的企业文化

心理学告诉我们,人们感受外界刺激,83%来自视觉。因此,视觉传播成为传达信息的最佳手段。它是企业表层形象的载体,可以最直接、最迅速地给公众留下"第一印象"。要使员工时刻感受企业文化的氛围,要让公众在"第一印象"中迅速了解企业的特点和经营特色,了解企业的优势,就必须对企业的外观形象进行设计,就是企业文化视觉系统。

企业文化视觉系统是从企业视觉识别系统(Vision Identity System,

简称 VI 或 VIS)延伸演绎的,是企业文化的理念的视觉表达。它以企业文化理念系统为基础,通过一系列形象设计,将企业理念、行为规范等,即企业文化内涵,传达给员工,是可以看见的企业文化。

视觉系统是企业文化最直观的表现,其依据是企业文化的理念,使企业的精神、思想、经营方针、经营策略等主体性的内容,通过视觉表达的方式得以具象化。视觉系统需要保持内在的一致性和外在的差异性,即企业所有视觉设计都要来源于理念,严格地遵循统一的标准,同时要与其他企业保持鲜明的差异,以便促进员工和客户产生强烈的共鸣。一个优秀的视觉系统可以使人们快速理解企业希望传递的信息。

对于企业客户而言,视觉系统是识别品牌的重要工具,是认同、接受企业品牌传播的系统工具。企业的视觉识别系统将企业文化理念通过静态的、具体化的、视觉化的传播系统,有组织、有计划和正确、准确、快捷地传达出去,并贯穿在企业的经营行为之中,使社会公众能一目了然地掌握品牌的信息,产生认同感,进而达到品牌识别的目的。视觉识别的内容,必须反映企业的经营思想、经营方针、价值观念和文化特征,并广泛地在企业的经营活动和社会活动中进行统一的传播,与企业的行为相辅相成。

视觉系统是企业文化与品牌文化的连接点,员工与顾客在不同的时间、空间,以不同的方式感受企业、与企业建立关系。关于企业文化与品牌文化的关系,本书还将在第四章详细论述。

视觉识别包括基础系统和应用系统两个方面。基础系统主要指企业的名称、标识(LOGO)、标准字、标准色等;应用系统是以基础系统为核心的所有应用,包括产品造型、办公用品、企业环境、交通工具、服装服饰、广告媒体、招牌、包装系统、公务礼品、陈列展示以及印刷出版物等。

视觉系统的体系建设已十分健全和规范,相关的论述很多,本书只就其中十分重要,或者目前被忽视的名称、标识和空间系统等应用进行论述。

从名称开始

企业文化的表达一般是从名字开始,在最短的时间内展示"你是谁",引起员工和消费者关注和联想。

名字给人的联想,直接影响人们对企业的认识。这是由于千百年来文字、方言、俗语对人形成的定性思维的结果。"绿谷制药"使人想到天然和安全的产品理念。"孝仁堂养生"很容易联想到传统孝仁文化,员工很容易记起"以孝立身,仁爱天下"的企业理念。

名字也同样直接影响到消费者的想象空间,因此,企业品牌的名字其实是一种无形的卖相。事实上,这种无形的卖相比起有形的消费品卖相(如包装、广告、陈列、价格等)更能影响消费者的购买情绪。企业名称以非常简洁的方式反映产品的内容和主要联想,是沟通中极其有效的捷径。一则广告会持续半分钟,一个销售电话甚至可以长达半小时以上,而顾客关注品牌名称并在记忆中搜索或激活其意义,仅需几秒钟。

企业的名称必须能够反映出企业的经营思想,体现企业理念;好的名称还具有以下三个特点:

传播力强。在企业的经营上,一个成功的品牌之所以区别于普通的品牌,其中一个很重要的原因就是:成功的品牌拥有家喻户晓、妇孺皆知的知名度,消费者在消费时能够第一时间回忆起品牌的名称。因此,对于企业的命名来说,首要的是要解决传播力的问题。也就是说:不管你给企业取一个什么样的名字,最重要的还是要能最大限度地让企业品牌传播出去。要能够使消费者,尤其是目标消费者想得起来、记得住!

传播力强不强取决于名称词语的组成和含义两个因素,两者相辅相成、缺一不可。网上互联网品牌"三只松鼠",轻松活泼,符合其休闲产品的调性,也与购买人群的爱好、特点相适应,极具传播力。

亲和力强。企业品牌名尤其是大众消费品的品牌名,其创意必须符合消费者的认知与欣赏习惯。不同层次、不同文化背景的人都有其不同的喜好,所以一定要根据你的产品定位和市场消费定位来命名。如果你的产品是直面年轻人的,那么,其名称就应该符合年轻人的欣赏习惯,如"酷Q""闪电美"等。如果你的产品是针对城市中有较高文化素养的人群,那么"孝仁堂"就比较合适。

一个企业的知名度,一个产品在市场上的占有率,在员工心中的识别度,除了品牌及其他营销手段和内部传播手段的影响,名称的亲和力起到了重要作用。名称的亲和力取决于品牌名称用词的风格、特征、倾向等因素与消费者的文化共鸣。

可保护。在给企业命名时,有必要考虑企业名称的保护性,要同时考虑工商注册、互联网域名和商标名,最好采用注册商标名来给企业命名,可以大大降低传播成本,有利于在持续的传播中形成企业品牌。

标识(LOGO)对企业文化建设的重要意义

标识,同"标志",记号,符号或标识物。用以标示,便于识别,我国古代就有相关的概念。三国时期嵇康《声无哀乐论》:"夫言非自然一定之物,五方殊俗,同事异号,趣举一名以为标识耳。"LOGO,是希腊语logos的变化,译为徽标或者商标,所指企业符号层面,与标识同意。标识是企业综合信息传递的媒介,承载着企业的无形资产。标识作为企业CIS战略的最主要部分,在企业形象传递过程中,是应用最广泛、出现频率最高,同时也是最关键的元素。

标识承载了企业文化。对企业员工而言,标识浓缩了理念,是企业文化的象征;企业的整体实力、管理机制、产品和服务,都被涵盖于标识中,通过不断地刺激和反复刻画,深深地印在员工心中。借助于标识的帮助,可以使公司形象统一,日常工作中经常使用的名片、信纸、画册的设计等就会围绕标识传达的企业理念设计,更加高效地传播企业文化的内涵。

标识是品牌传播的媒体。对消费者和社会而言,标识是品牌符号,是品牌核心价值的极致表达;优秀的品牌标识往往个性鲜明,能够产生美好联想,便于识别、记忆,有引导、促进消费的作用,利于在众多的商品中脱颖而出。标识是消费者认识一个品牌的开端。有没有记忆点,有没有兴趣,有没有消费欲,标识是第一印象、第一感觉,对是否能吸引顾客往往起着决定性的作用。可以说,标识是企业品牌的媒介。

标识是企业无形资产的载体。标识广泛应用于企业经营活动中,对内的办公用品、环境标记与装饰,对外广告宣传、形象展示等。它随着企业的成长,其价值也不断增长,标识无疑是无形资产积累的重要载体。企业在创立初期就应该设计能客观反映企业精神、产业特点、造型科学优美的标识,如果等企业发展起来,再做变化调整,将对企业造成不必要的浪费和损失。

【案例】苹果标识的演变及其文化内涵

苹果的传奇,跟它的标识息息相关。从苹果标识的演变史,我们可以看到一个伟大企业对梦想的追求,它在产品、经营方面的不断探索。

第一个标识:思想与探索的基因

1976 年,史蒂夫·乔布斯和他的小伙伴打造了第一台家用计算机 Apple I。苹果的第一个商标的设计者是罗纳德·韦尼。这个商标的图形是牛顿坐在苹果树下读书,一个苹果从树上掉下来,而在商标图案上还有飘带上下缠绕,写着 Apple Computer Co.字样,外框上则引用了英国诗人威廉·华兹华斯的短诗:"牛顿,一个永远孤独地航行在陌生思想海洋中灵魂。"标识传达出的意思十分明确:牛顿在苹果树下思考而发现了万有引力定律,苹果也要效仿牛顿致力于科技创新。但是这个标识图形复杂并且不容易被记忆。

1977 年:电脑就是寻常物品

1977 年,乔布斯需要发布他的 Apple II 新产品,然而原来的标识很难应用在新产品上。Apple II 采用全新塑胶外壳材质,同时采用了彩色屏幕。这个时候需要一个能够具备简单应用,风格独特的品牌标识,从而帮助消费者记忆,提高辨认度。Rob Janoff 为苹果重新设计了七彩间纹苹果的标识。这个标识在当年可谓是非常前卫。被咬掉一口的苹果造型很特别,彩色条纹充满了人性与亲和力。就这样我们所熟知的彩色苹果标识诞生了。在接受采访时,Rob Janoff 说,乔布斯是一个很有洞察力的人,他很喜欢这个个性化标识。在那个年代,电脑是让人感觉很高科技的东西,而生产电脑的人也喜欢给电脑取个类似什么 TRS-80 这类名字,而乔布斯要让人们觉得电脑并没有那么高深,而是生活的必需品。这种把电脑做简单的理念贯穿了以后苹果的发展,成就了苹果的传奇。

1998 年:简洁风的源头

1997 年,乔布斯重返 Apple 后重整公司,将品牌定位成简单、整洁、明确。

1998 年,在新产品 iMac、G4 Cube 上应用了全新的半透明塑胶质感的新标识,标识显得更为立体,时尚。这一次标识变化的原因是新产品都采用透明材质的外壳,为了配合新产品的质感而改变。黑色标识也几乎同时出现,大部分是出现在包装、商品或需要反白的对比色上,为了配合产品的宣传。至今苹果的单色标识仍然被使用着,也是最能体现乔布斯对苹果的品牌定位的标识。

　　整个商标在外形上并没有多大变化,还是那个大家熟悉的被咬了一口的苹果,只将原来那彩虹外衣换成了一个半透明的、泛着金属光泽的银灰色标识。让整个商标看上去更具有质感,预示了苹果已经脱去了华丽的外壳,走向理念的成熟。

2001年:更简洁更透明

　　2001年,苹果标识变为透明。主要目的是为了配合首次被推出市场的 Mac OS X 系统而改变的。苹果的品牌核心价值从电脑转变为电脑系统,苹果标识也跟随了系统的界面风格变化,采用透明质感,呈现一个有圆滑曲线感的苹果,更具有现代气息。

2007年:扁平化带来的科技感

　　2007年,采用了更具有科技感扁平化的设计。苹果推出 iPhone 手机时,正式地将公司名从苹果电脑公司改为苹果公司。苹果标识采用玻璃质感的标识,为了配合 iPhone,创新地引入了 Multi-touch 触摸屏幕技术,带来一种全新的用户体验而设计的。

标识承载着企业核心理念,承载着品牌对客户的承诺。苹果标识由复杂到简单,时刻提醒苹果员工,科技与时尚是苹果产品的追求。苹果标识也是对客户体验的深刻洞察,是满足客户需求的不断探索,也是产品不断迭代的结果。

标识的变换,与企业策略的转变息息相关。苹果标识的每一次变化,都不是对美观的简单追求,都源于品牌的核心价值变化带来的核心产品的变革。

【案例】三只松鼠的标识及其文化内涵

三只松鼠是一家以坚果、干果、茶叶等休闲食品的研发、分装及网络自有 B2C 品牌销售的现代化新型企业,成立于 2012 年。

三只松鼠作为依托互联网发展起来的零售新品牌,其目标客户群体定位为 80、90、00 后用户。目标人群个性张扬,有自己的主见和行为特点,追求时尚、享受生活。内部 1600 名员工平均只有 24 岁(截至 2015 年底),和目标人群有着相似的经历和消费观念。三只松鼠的理念特点十分鲜明,其核心是"忠于信仰",表现方式是"萌"。在后来的营销与各种传播中,三只松鼠一直按照这两个原则执行。

与企业理念相匹配,其视觉表现突出动漫化风格,个性十分鲜明,恰恰符合其"萌"的文化内涵。

品牌标识是萌态十足的三只松鼠,并且有各自个性十足的名字:鼠小贱、鼠小酷、鼠小美。三只松鼠的办公室装修成森林中松鼠之家;产品包装、购物网站页面均以松鼠系呈现。

甚至企业内每个人都有一个以鼠开头的花名,创始人章燎原被称为
"松鼠老爹"。在三只松鼠里,员工就是"家人"。把客户叫做"主人",当
客服跟顾客沟通的时候,会演化成宠物和主人的关系,以萌系沟通方式
拉近与顾客的距离。通过企业文化与品牌文化的建设,三只松鼠的员工
与客户成为同一场景下的不同角色,有了以文化为内涵的共同语言。

这种情景化的设定有效地增强了企业凝聚力和员工归属感,更为重
要的是使得企业文化与品牌文化真正成为企业的基因。

让标识设计承载文化的原则

标识凝结了企业的理念与风格,一定程度上代表了企业。要好看、
好记、有意义。标识没有好与不好之分,只有传达理念是否丰富,识别上
的难与易;即便针对小众的高雅人群,标识依旧担负着传播的使命,如果
太过抽象和难懂,则背离了标识自我传播的使命,就会大大浪费传播成
本。优秀的标识能够让受众看到符号就能想到内涵,在大脑中形成画面
感,产生对企业和产品的好感和认同。

借助历史与现实的文化元素,可以赋予标识独特的象征意义,拉近
和目标消费者人群的认知 ,大大节省传播成本。

苹果公司的标识,这个被"被咬了一口"的苹果,经过了数十年的发

展,成为知名的国际品牌。不少人给苹果的标识赋予深刻的含义,已经超越了设计者的本义。有人说是为了纪念伟大的科学家牛顿,有人说是为了纪念伟大的人工智能领域的先驱者——艾兰·图灵,有人说就是乔布斯的偶然想法而已。街谈巷议之中,苹果的品牌被广泛传播。

耐克的品牌标识,本意上是借助希腊胜利女神作为其文化载体,象征着女神的翅膀,象征着不断追求胜利的激情。但在设计的过程中,不断演变成一个小钩子,而这个小钩子又同时象征着"正确",与耐克"Just Do It"的品牌核心价值相得益彰。最关键的是,"√"是一个全球化的文化符号,也因此形成了全球化的文化认同。

三只松鼠的标识,主体是三只萌态十足的松鼠。对内时刻提醒员工,要稳固而和谐的发展。对外与消费者形成亲切的沟通,让人联想到童话世界,小美张开双手,寓意拥抱和爱戴我们的每一位主人;小酷紧握拳头,象征拥有强大的团队和力量;小贱手势向上的 style,象征着青春活力和永不止步、勇往直前的态度。

标识在什么情况下需要改变

标识是企业理念的凝结,是品牌的沉淀,一般不要轻易地进行改变。但随着时代的发展、企业战略、经营规模与业务内容的变化等因素出现巨大变化,企业标识已经不能反映企业的理念和品牌内涵,就需要根据情况适当改变。恰当的改变可以促进企业文化变革,也是品牌保鲜、品牌提升的有效手段。那究竟在什么情况下需要更换呢?

标识已经不符合时代要求和消费者认知。这时就需要考虑更换企业的品牌标识设计了。比如,一家以海盗船长为品牌标识的企业,考虑到消费者近年来对于海盗的深恶痛绝,于是很明智地将标识改为其他形象。

企业战略调整,文化需要随之变革,标识可以考虑变化。星巴克(Starbucks Coffee)在 2011 年推出了全新的标识取代旧标识。新的商标其实就是在旧标识的基础上进行的简化,把"咖啡"的单词从商标中去除,并扩展绿色女妖图案,这也意味着星巴克不再满足于"专注咖啡"的品牌形象,将扩展到更多新的食物领域,比如瓶装饮料、冰淇淋等。

品牌严重老化,可以考虑更换或修改标识。我国的市场化比较晚,品牌还都很年轻,而欧美等发达国家的品牌发展比较早,或多或少出现了品牌老化的现象。旧的品牌标识已经不能符合当代人的审美,也跟不上时代的需要,但它又拥有非常广泛的知名度,若放弃品牌,则非常可惜,因此,对标识做适当调整,甚至重新设计,让它焕发新的魅力。

Starbucks: An Illustrated History

1971
We start by selling coffee beans in Seattle's Pike Place Market.

1987
We add handcrafted espresso beverages to the menu.

1992
We become a publicly traded company.

2011
We mark 40 years and begin the next chapter in our history.

星巴克标识的变迁

肯德基从 1952 年创办第一家店到 2014 年,其标识有六次大的变化,一直保持、强化品牌创始人山德士上校的形象,使之成为肯德基餐饮品牌的第一象征性视觉记忆点。而其他要素不断简化,整体感趋于简洁。这样的好处是,同步消费者认知与时俱进,同时经营理念不变,核心记忆点不变。

肯德基标识的变迁

企业出现了负面影响时,可以考虑更换标识。如曾经知名的某食品品牌,因为食品质量问题,被媒体曝光,给消费者留下了不良的印象。该企业在全面调整内部生产以及外部经营策略的同时,巧妙地调整了标识,新标识更具亲和力,配合产品质量升级和服务升级,赋予品牌全新的形象。

以上四种情况下,虽然可以考虑更换品牌形象,但是怎么换、何时换,任何一点考虑不周,都可能使换标行动失败。

新标识要充分反映企业的新理念、新战略、新业务。如果新标识不能承载应该担起的重任,消费者不认同,就失去了换标的意义,甚至带来负面的影响。

新标识要与旧标识要保持一定联系。至少让消费者看到新标的时候能想到它曾经是谁。合理的做法是保持老品牌形象在消费者心中的美好记忆,增加一些符合当下消费者欣赏需求与情感需要的元素,这样一来就不是简单的换标,而是对标识进行系统、科学的升级。

换标是文化与品牌升级的系统工程,要与消费者、与员工进行充分沟通。配合着标识的改变,企业管理、营销应该紧密配合,形成合力。比如,可以在推出新标识以前,在企业内外开展大规模的新标识征集活动,进行广泛的市场调查,听取消费者和员工意见,不仅可以赢得消费者喜爱,赢得员工认同,同时更是一次很好的营销机会和企业文化传播机会。在新标识推出后,广告、传播要充分配合,阐述新标识的意义与内涵,形成广泛的消费者认同。肯德基、星巴克等知名品牌的每一次换标,都是一次隆重的公关行为,在一段时间内形成社会的热点,内部形成对文化的更广泛的认同,促进消费者对品牌关注、忠诚。

换标不仅仅是设计师的工作。不能是设计师设计好了方案,老板看着顺眼就马上拍板,全面推广。标识一定要反映企业的理念,兼顾消费者认知和员工的认同。因此,品牌标识的设计团队要由设计师、市场人员、企业高层管理者参与,这样全面的思维考量,才能得出市场认可的标识。

办公空间:营造企业文化的氛围

办公空间是企业从事生产经营的场所,员工工作于其间,其视觉表现和承载的内容对员工影响巨大,但办公空间的设计常常被忽视或误解。要么简单的以标语填充,要么极尽奢华。办公空间能够通过规划内容和表现来影响人的行为方式。所以除了使用的功能外,还要通过一定的形式来表达企业的形象特征、观念和文化内容。

将企业文化植入办公空间,不仅能够为企业员工构建一个集舒适、艺术与技术性综合于一体的工作环境,还能够为企业塑造一个良好的形象。企业员工在融入企业文化的办公空间内进行工作,可以使工作态度更加积极,凝聚力增强,从而促进企业竞争力的提升;另一方面,内容丰富、优美舒适的办公空间,还能够使企业获得更好的公众信任,从而利于企业市场的开拓,为企业吸引更多的人才。可以说,融入了企业文化的办公空间,能够促进企业健康持续的发展并且能够提高企业的经济效益。

办公空间,开放和封闭并存是它的显著特征。同时这个空间还具有良好的交流性,人们可以在这个空间中开展人际交流,促使理念的被理解和认同,使个人精神得以升华。企业在布局办公空间的过程中需要考虑对企业员工等级差别的分配,使办公空间在具备开放性的同时还具备可视性,这样不仅可以使员工之间的沟通交流更为方便,还能够促进员工工作效率的提高。企业的办公空间也正是在这样的发展背景下,由传统的单一办公功能的企业办公空间设计,演变发展成为更具人性化和多元功能的办公空间,更注重信息化、人性化、技能型的融合。

办公空间设计主题要符合企业文化内涵。企业文化是每个企业发展的核心,因此,在企业的办公空间设计当中,要能够将企业文化的内涵融入其中。企业文化强调开放、创新,就要在空间表达上展示现代、开放、平等的特征,不必强调空间的秩序感,而是追求个体在空间中的自由、放松的心理体验。开放的文化表现在空间组合上的特征是无中心、无轴线或多轴线、不对称、组合自由等等。有的企业文化理念表达为"开放、创新",而在办公空间布局上却处处表现为封闭,空间、办公桌以及办公用品等处处等级森严,生活工作在这样的空间,很难开放。

通过标识彰显企业文化。标识是企业文化的精华。办公空间还要选择显眼的位置,将标识作为企业理念和品牌要素凸显出来。员工在这样的环境中工作,能够通过办公空间设计中所提炼出的企业文化内涵而增强自己的企业责任意识，进而激发员工的工作热情，使员工的工作效率得以更好地提高。知名企业如谷歌、阿里巴巴、华为等的做法值得借鉴。

通过色彩彰显企业文化。人们的情绪、行为和精神在一定程度上会受到周围环境色彩的影响，这种影响往往是通过视觉感官效应而造成的心理作用，进而会使人的情感受到影响。在办公空间设计当中最重要的一部分就是色彩的应用。阿里巴巴的办公空间简洁、通透，标准色橙色随处可见，而又与背景色协调，充分表达了其"团队协作、拥抱变化"的理念。来到同仁堂，其褐色为主的装饰，加上中国书法的元素，让人充分感受到传统中医药文化的主背景，以及同仁堂以人为本的道德文化、以义为上的诚信文化。因此，在企业办公空间的设计当中，不仅要运用色彩来凸显美感，更要充分发挥色彩的功能性，使其能够通过视觉效果让人们感受到企业文化的内涵。一般来说，人们的兴奋、热烈和紧张这类感觉可以通过暖色来刺激，而优雅、宁静和安定的气氛则可以通过冷色来构建，色彩的冷暖不仅可以给人视觉上带来冲击，对于人们情感影响更是发挥着不容忽视的重要作用。除此之外，不同明度的色彩给人的感觉也不同，人们的沉闷和压抑感觉往往会在低明度的色彩环境下尤为明显，而人们的心情也会在高明度的色彩环境下变得格外兴奋和明快。所以在办公空间的设计当中，颜色对于彰显企业文化而言发挥着非常重要的作用，不同的颜色带给人的感受不同，进而会直接影响人们对企业文化的理解。

企业文化的主旨是以人为本，所以在办公空间的设计过程中需要着重考虑"人"这一重要因素。从人对空间的需求方面来说，合理的空间能够为员工营建出心理上所需的安全感，这种隐私空间是不希望被其他人所打扰的。但是，作为办公空间来讲，开放的空间又是员工进行交流和协同工作程序所必需的客观条件。因此,在办公空间设计过程中,要考虑到每个员工都需要一个小的个人空间来维持自己的安全感,又要确保预留的这个小空间是不会影响工作效率的开放空间,它不能在视野上影响员工之间的沟通交流,比如说可以通过玻璃、矮墙、隔扇等手段来隔离空间,由此来促使企业文化的全面展现。

ZARA 是全球时尚服饰的领先品牌,身影遍布全球 70 余个国家和地区,门店数已达 2000 余家。其成功的秘诀就是品类和速度。在竞争激烈的服装销售市场上,ZARA 以潮流时尚、超速度显示出蓬勃的生命力。

ZARA 几百人共用一个敞开式办公区,其中设计师就有 400 多人,这样的安排,不仅便于员工交流,而且便于部门间的工作协同,极大地提高了工作效率。ZARA 的总部分成女装、男装和童装三个办公区域。每个区域最中心的位置坐着区域经理部的人,负责决策和流程的监督。旁边是设计部门,接着是经营部门。之所以这样紧密安排座位,就是为了实现最快速度的沟通。区域经理眼前的电脑连接着一个又一个市场,市场连接着店长们的 PDA,连接着店面里边的射频识别感应器,也就是连接着来自一线的即时信息。

他们的身后就是设计师团队,设计师们一面根据市场需求和追踪时尚趋势,设计出草图,交给经营团队核算成本、价格与利润,一面又根据新的情报进行改进和投入打样环节。打样团队在大厅的一角。他们以最快的速度裁剪出样品,在这个过程中,电脑设计师紧密参与其中,尝试着不同的裁剪方式,不同材质的布片,以便最大限度地达到时尚感和经济性的统一。打样结束,模特立刻试装,店面经理和设计师作出判断。而一旦经过筛选、决定投产,则马上交给周边的工厂。

在 ZARA 总部的旁边,有几百家代工厂。每一周,ZARA 向世界发出的新品就有几百万件之多。这就形成了一个及时应答的生态系统,充分体现了其"速度、时尚"的企业文化。

　　企业文化的发展,要求企业里的人的观念、行为方式、外在符号系统一致,成为一个高效、有序的体系,形成企业文化的整体性和统一性,办公空间设计理念也要从"可有可无""将就一下"乃至"高档、气派"回归到与企业文化的原则相一致。通过设计,让办公空间表达深层次的文化结构和内涵,成为企业文化的一部分,进而展示企业形象,影响员工的行为。

2.4 行为规范系统:感受到的企业文化

　　所谓规范,就是规则和标准。没有规矩不成方圆,没有规范就没有秩序。规范、标准缺失,人们行动就会无所适从,工作结果无法评判,不仅会冲击正常社会秩序,还会影响到社会的发展和人类生存质量。

行为规范可以有效协调人与人、人与社会的关系

　　现代社会的各种活动都是建立在分工协作的基础上的,随着生产社会化的发展,现代化大生产的分工愈来愈细,协作越来越紧密。没有分工协作,也就没有现代化生产。怎样才能分工而不分家、协作而不扯皮呢?这就需要行为规范来确立成员之间的分工协作关系。

　　社会作为一种群体是由个人组成的。所谓个人,就是现实生活中具有自己的意志、利益、需要和行为的个体。而群体是由共同目的和协作关系的个人组成的社会系统。良好的社会秩序需要人们遵循一定的行为规范,从而调整一系列的利益关系,建立正常的社会关系。在社会活动中,个人与群体的关系、个人与个人之间的关系,实质上是一种利益关系。正确处理人与人及个人与群体的利益关系就需要行为规范来发挥

协调作用。

行为规范是用以调节人际交往,实现社会控制,维持社会秩序的工具,它来自于主体和客体相互作用的交往经验,是人们说话、做事所依据的标准,也就是社会成员都应遵守的行为。

企业行为规范是企业文化的重要载体

行为规范系统使理念转化为行动。在组织制度、公共关系、营销活动、公益事业等企业运营活动中表现出来,对内对外,传播组织,无不以活动体现或贯彻理念。

没有行为规范,企业文化就无法实现。行为规范建设是企业文化落地的关键环节,没有行为规范,理念和制度都是空谈;行为规范建设是实现价值观管理的必经之路。行为规范不是制度,而是倡导。制度是硬性的,而行为规范会是一种引导,根据不同的行为主体、不同对象采取不同的手段引导。

以企业理念为基础制定的企业员工行为规范只是企业对员工活动进行约束的外在机制。企业只有将它内化为员工的自觉意识与自觉行动,才能真正使企业理念转化为行动、在岗位上再生。

美国企业大多采取企业制订工作手册的办法,员工按照工作手册开展工作。这是一种典型的他律模式,其优点是清楚明了,利于操作。但往往因条条框框太多,抑制了员工的积极性。

日本人更重视精神上的"精诚合作"。在日常运营中实施一种模糊管理,实际推展起来比手册中的规定要亲切、周到,这是一种典型的自律模式。他们认为企业就像生物有机体一样,其细胞和各部分器官不仅需自律性地发挥机能,同时也要互相协调才能生存。当企业的价值观及对未来的计划、也即是企业理念和企业战略明确化的同时,还要重视个性,尊重自主性,确立弹性经营体制,只有这样才能发挥整体力量,赢得生机。自律模式的优点是能够充分发挥员工个人的积极性,缺点是绩效考核不能清晰地量化。日本企业后来出现的"阿米巴"管理、"精益生产"等管理模式,与企业文化结合,很好地解决了量化考核与员工积极性问题。

企业员工行为规范主要通过公司各种规章制度以及员工守则等形式表现出来,包括目标体系和价值观念所决定的企业经营行为,以及由此产生的员工所特有的工作态度和行为方式。它不仅表现为规章、制度、准则等成文的规定,更多的则表现为传统、习惯、禁忌、时尚等不成文的行为规范。它在体现企业的价值观的同时,又具有法规制度所不具有的积极示范效应和强烈的感召力、约束力。

企业员工行为规范的范围相当广泛,而且不同类型的企业会有不同特点的行为规范。即使同类型的企业也会依据本企业的业务和文化特点制定独具特色的行为规范。企业行为规范的设计规划,可从规章制度、职业道德、员工纪律、工作态度、工作作风、敬业精神、集体协作精神、领导方式、经营方式等方面予以综合考虑。

企业行为规范内容

企业行为规范可以分为两大类:员工行为规范、企业社会活动规范。员工行为规范包括内部管理、服务活动规范;企业社会活动规范包括营销活动、公共关系等。

员工作业规范。主要用于业务操作,目的是确保工作流程及操作规范,以保证工作的效率和产品质量。一般根据工种要求和工作目的制定。

【案例】某制药企业车间行为规范(节选)

1.无菌区行为规范要求

(1)进入无菌区或其他洁净区必须培训合格和批准,要按限定人员数量进入,不得超员;

(2)严格按更衣、洗手和消毒SOP进行操作,漏破衣鞋等不得穿用;

(3)开关时动作幅度要小、轻,应避免用手直接接触,开度适中,限时通过;

(4)行走时要慢速移动,不高抬腿脚(不超5CM),不跺脚;

(5)定期对手进行消毒;

(6)不操作时,应将前臂和双手放在前面,不接触衣服及任何物品;

(7)区内身体一直站立,不能斜靠或靠触任何设备设施;

(8)平时双手高度不应低于腰部,不得搓手;

(9)手接触任何物品前后,均进行手消毒,平时要定时消毒;

(10)避免不必要的移动、转身和大动作;

(11)按清洁顺序及标准(SOP)要求进行;

(12)入区人员不得化妆;

(13)手套出现破损不得继续操作;

(14)不得拣所有掉在地面上的物品(落地即被污染);

(15)不应用手触摸本人外装任何部分(如口罩、揉鼻子等);

(16)避免从层流区附近走动,严禁将手伸进层流区(除非必要时);

(17)操作行为不得在处理点上方或影响产品层流保护;

(18)无菌装配试验应有层流保护,从低处开始向上安装;

(19)工作期间不得直接去更衣室更换手套和口罩;

(20)必要时才讲话,不得面对生产区打喷嚏,如发生要立即消毒处理；

(21)任何操作方式不得影响产品的无菌性；

(22)生产线灌装区出现故障影响产品无菌性时不得维修(调量等除外)；

(23)离开层流的无菌工器具等必须在有保护的情况下转移。

2.洁净区行为规范

(1)除无菌区药品生产必须遵守的款项外,均适用其他洁净区；

(2)不得坐靠一切设施；

(3)不得靠肘休息；

(4)不得通过气锁讲话；

(5)搬运物料时,手宜放在非污染部位；

(6)搬运物料时轻拿轻放；

(7)人身不得处在打开物料口的上方；

(8)保持口罩紧度,减少口腔对洁净区污染；

(9)自觉保持洁净间和区内物品清洁；

(10)工器具清洗后要立即进行干燥；

(11)对洁布分类清洗并干燥放置；

(12)防止着装不正确,导致散播身体微粒；

(13)严禁不戴手套用手接触表面及物料；

(14)严禁在洁净室内脱去洁净服；

(15)严禁用手指擦头发或身体其他部位；

(16)严禁在洁净室内戴首饰和手表；

(17)严禁在洁净室做剧烈活动,搬运物品轻拿轻放；

(18)严禁身手靠在工作台、产品或其他物料上；

(19)严禁搬运没有保护措施的物料；

（20）严禁在工作台上滑动物品；

（21）严禁使用掉在地上的工具和物品；

（22）洁净区内一直保持站立；

（23）严禁坐靠设备设施；

（24）严禁通过气锁讲话；

（25）把通话减到最少，不呼喊；

（26）不通过传递窗口讲话或喊话；

（27）手臂顺身体下垂时，不应接触衣装（生产限度制剂产品时）；

（28）不要把双手放靠臀部；

（29）不要交叉双手或双脚；

（30）严禁面对生产区咳嗽和打喷嚏，避免不了可面对回风口，避开工作区；

（31）使用可消毒密封触摸电话；

（32）不在生产中进行生产设备设施的维修；

（33）不聚集聊天；

（34）区内不得勾肩搭配，相互接触；

（35）不在洁净室内做非有关事项或不正确的行为；

（36）不在洁净室使用错误的擦布或清洁物料；

（37）不从正面走进操作者并隔着工作台讲话；

（38）不得摘下口罩和包饰（交谈或呼吸）；

（39）区内开关门速度不宜过快；

（40）传递窗与缓冲门不得同时打开两边；

（41）进入洁净区需随手关门，并不得同时开启两扇或多扇门，以保持室内压差；

（42）进入洁净区不得用手接触口罩、鼻子、额头、眼睛及裸露部位，若接触后需及时消毒；

(43) 洁净区的任何操作行为应按规范动作进行；

(44) 不得直接去更衣间重新更换口罩及消毒；

(45) 不得在回风口处理堆存物品，阻碍换风；

(46) 洁净室内物品和工器具不得带出区外；

(47) 区内垃圾需及时丢入垃圾桶中并及时清理；

(48) 不得使用压缩空气、氮气等气体接触设备表面粉尘；

(49) 患感冒、皮肤病或传染病时不得进入洁净区。

【案例】某企业仓管员工作行为规范

一、目的：加强管理，保障公司的财产安全，维护公司利益不受损害。

二、范围：仓管员及辅助员工。

三、权责：仓管主管负责对本"行为规范"的落实及执行管理；人事行政部负责对仓库及仓管员及辅助员工执行中的监督。

四、行为规范：

1. 物料送到厂后，仓管员要及时通知品管部 IQC 进行物料检验，符合标准的凭检验单办理入库手续。

2. 仓管员验收物料时，要认真对照采购部的订购单与送货单的规格、数量是否相符。如发现品名、规格、数量有不符的，应通知采购主办处理。不得办理入库手续。

3. 仓管员每天对供应商送的物料，必须手工记账，做到有账可查。

4. 仓管员对于符合标准要求的物料，验收后，要在一个工作日内办理完入库手续。

5. 对检验不合格的物料，仓管员不得私自办理入库手续，否则记大过处理。

6. 对计划外的物料(超过订购单数量及无订购单的)未经领导批准的不得入库,否则记大过处理。

7. 仓管员及相关辅助人员,不得利用工作岗位的便利,私自拿走转移公司物料,否则将视为偷盗行为,按公司制度严肃处理,造成损失的按价赔偿。

8. 仓管员及相关辅助人员,不得利用工作岗位的便利,在办理不合格物料退给供应商时,超数量退给或将其他物料退给供应商而谋取私利的。一经查明,视为偷盗,按公司制度严肃处理,并按物料同价罚款赔偿公司损失,严重的将移交公安机关处理。

9. 仓管员及相关辅助人员,不得利用工作岗位的便利,内外勾结,偷盗公司物料而谋取私利,一经查获,将按公司制度处罚并开除出厂。同时报公安机关处理。

10.凡对仓管员及相关辅助人员的偷盗行为进行举报的,公司对举报者严格保密,经调查如属实的,将对举报者给予 500~10000 元的奖励。

【案例】某企业员工礼仪规范(节选)

礼仪是企业文化的重要内容,也是企业形象的主要附着点。为更好地展现良好健康的企业形象,规范员工日常行为举止,提高员工综合素质和修养,特制定本员工礼仪规范。

一、仪表仪容

(一)头发:男女均应保持头发清洁、整齐;

(二)胡子:不宜留胡子,应每日剃须;

(三)女性员工鼓励化淡妆,修饰得体,妆容应给人清洁健康的印象,不能浓妆艳抹,不宜用香味浓烈的香水;

（四）上班时，要保持精神。

二、着装礼仪

（一）在工作时间，员工须佩带公司统一制发的胸卡（除特殊岗位人员外）；

（二）着装要端庄、整洁、合身、符合职业形象；

（三）正式社交场合要求特殊着装的，应按要求着装；

（四）正常工作时间不允许穿拖鞋。

三、仪态礼仪

（一）见到公司上级领导或客户要主动问候，若在公共场合应起身问候；

（二）会见客户或出席仪式站立场合，或在长辈、上级面前，不得把手交叉抱在胸前；

（三）上班时，不能跷二郎腿；

（四）进入别人办公室，要先轻轻敲门，听到应答再进。进入后，应回手轻关门、进入房间后，如对方正在讲话，要稍等静候，不要中途插话。如有急事要打断说话，也要把握好机会，而且要说："不好意思，打扰了"；

（五）在通道、走廊行走时要放轻脚步。无论在公司，还是在访问的单位，在通道和走廊里均不能边走边大声说话，更不能唱歌或吹口哨等。在通道、走廊里遇到同事、客户要礼让，不能抢行；

（六）在公共场所，要文明用语。

四、电话礼仪

（一）员工接听外部电话，必须使用标准用语："您好！xx公司"；接听内部电话,标准用语为:"您好! 我是xxx"。要留心听,并记下要点。未听清时,及时告诉对方,结束时礼貌道别。通话简洁得体,不得在电话中聊天,通话音量适度,不可影响他人工作;

(二)代接电话应做好记录,并及时转告有关人员;

(三)在与客户会谈、用餐时,有来电要接时,应说"对不起,我接一下电话",要长话短说,尊重现场客户的交流优先权;

(四)电话铃声超过五声未接电话,要礼貌性地解释原因;

(五)与他人进行电话沟通时,待对方挂完电话后才可挂断电话。

五、接待礼仪

(一)在约定接待时间内,尽量不缺席、不迟到,如遇特殊情况要提前做好解释;

(二)与客户交谈时要注意讲话语气,不宜距离太近,不宜用过大的手势,不宜用手指人;

(三)接待客户时应主动、热情、大方、得体,但不要过于热情;

(四)对到访公司的客户,要及时安排茶水,礼貌接待;

(五)客户离开时,原则上要送到电梯门口或楼梯口。

企业社会活动规范。企业是社会的细胞,社会是企业利益的源泉。企业只有通过与社会的链接才能实现自身的价值,通过社会活动企业赢得大众认同,提高企业美誉度,增强企业长期竞争力;另一方面企业通过社会活动向外界传达责任心和实力的信息,增强员工和消费者信心。企业社会活动规范包括营销活动、公共关系等。

【案例】某企业广告宣传管理规范

一、总则

第1条　为规范公司广告宣传工作,树立良好的企业形象,根据公司实际情况与国家法律法规,特制定本制度。

第2条　本制度适用于广告宣传管理的各个相关事项。

第3条　广告宣传工作由市场部负责。

二、广告宣传的工作内容与费用预算

第4条　本公司广告宣传的工作内容包括以下七个方面:

1.制定广告宣传方案与费用预算;

2.公司内部征集并选择广告创意与构思;

3.联系广告公司,制作广告及相关宣传画报;

4.联系、选择、比较广告投放媒体,制定广告发布时间表;

5.广告效果预测;

6.市场调查和广告效果评估;

7.协助配合销售部的销售工作。

第5条　根据公司产品特点与市场情况,市场部在每年的1月份制订并提交广告宣传年度计划,经总经理审批后实施。

第6条　市场部在制订广告宣传计划的同时要制订合理的广告宣传费用预算,经总经理审批后严格实施。

三、广告制作与投放

第7条　公司市场部组织全公司员工参与公司产品广告的创意与构思工作,制作广告宣传资料与用品,做好公司内部的宣传工作。

第8条　依照年度广告宣传计划,市场部与广告公司保持有效沟通,协商完成公司的广告制作,同时控制广告预算支出。

第9条　公司可选择的广告媒体包括电视、杂志、挂历、信封等,市场部可根据不同的广告宣传方案,选择合适的媒体进行广告投放。

四、市场调查与广告效果评估

第10条　公司每季度进行一次市场调查,对调查结果进行整理分析,将其交予销售部和市场部,作为制订新的广告宣传计划的依据。

第11条　反映广告效果的指标主要有产品销售收入、公司知名度、产品知名度等,市场部通过市场调查对这些指标进行分析整理,并上报总经理。

五、相关资料的整理与归档

第12条　市场部必须将在公司内部征集的创意与构思整理归档,作为以后制作广告的创意库。

第13条　广告宣传用品、市场调研资料等相关资料需整理分类,由市场部派专人负责保管。

六、附则

第14条　本制度由公司市场部编制,解释权归市场部所有。

第15条　本制度自颁布之日起执行。

制定行为规范的两种基本方法

根据企业发展阶段,企业行为规范的制定可以分为两种,一是系统设计法,二是问题导向法。系统设计以核心价值观为起点,围绕企业的经营与管理,系统考虑理念系统落地执行的方方面面,比如生产方面、营销方面、职能部门管理等,按工作分类,对照价值观和其他理念的要求在行为上予以规范。

系统设计法比较适合企业文化建设的起步阶段,系统化的设计能够全面规范员工行为,促进理念系统落地执行,缺点是内容较多,主管部门在制定相关规定时容易遗漏。

问题导向法是围绕工作中出现的问题,寻找解决方案,进行针对性的规范,对症下药,重点突出,见效较快。

行为规范的设计规划可以采取内外双轨的办法进行,即聘请外脑和内部人员参与相结合。外脑具有专业的理论知识、丰富的建设经验,内部人员对企业发展历程、内部需求、企业特点有着深刻的理解。同时,在行为规范建设的过程中,要充分调动广大员工的积极性,使全体企业成员都参与进来,让文化体现在企业的各个层次、各个方面,让员工随时随地感受到文化的存在。

行为规范通过人的行为,使企业无形的价值观念、行为准则和道德规范变成人们有形的行动,从而真正起到企业文化凝聚人心、约束行为的作用。企业行为规范建设是企业文化落地的关键,重在坚持。持续的行为规范建设,将使企业文化如丝丝细雨,滋润企业的成长。随着企业对行为规范工作认识和实践的深入,行为规范将成为一张重要的名片,充分展现企业鲜明的个性、健康的形象,促进企业和品牌可持续发展。

第三章

打造企业文化管理系统

　　将企业文化的理念、视觉、行为系统经过设计、提炼成规范的文字和图像,这个过程我们称之为企业文化建设;将企业文化的内涵深植到企业的业务、战略和日常工作流程中,内化于心,各项理念、规范为员工共享,这个过程我们称之为企业文化管理。企业文化必须建设与管理并重,才能充分发挥作用,形成企业健康成长的内在机制。

3.1 从企业文化建设到企业文化管理

　　为什么很多企业的文化建设效果不理想?

　　企业文化的理念系统、视觉系统、行为规范系统已经提炼、总结完成,企业文化手册已经印出来,重要的口号已经上墙,也组织学习了、考试了、讨论了,从表面看,员工也基本认同了。很多企业的文化建设到这里就算告一段落,甚至有人会认为企业文化建设完成了。但管理者会发现,员工行为并没有发生什么根本的转变,企业的业绩也没有得到很好的提升。有调查显示:仅有不到 1/4 的企业的员工能够在日常工作中,经常运用企业文化的管理理念来指导和规范自己的行为,大部分企业的员工认为:"工作这么忙,根本没有时间管文化的事情,工作听领导的就是了。"一些企业依然是"认认真真搞形式,扎扎实实走过场",给企业和企业文化工作者带来了很大的困惑。这显然混淆了"建设"与"管理"的概念。就像盖房子是建设,高品质生活需要管理。从设计到施工、交付,房子从一个概念到实实在在的居住、使用空间,这只是完成了建设过程,未来如何使用,装饰装潢、打扫清洁、修缮管理、合理使用等等都是管理。其实,完成了三大系统只是完成了建设部分,企业文化工作应该转入企业文化管理,通过管理让企业理念深植到企业的各项业务中、员工的行为中,企业文化真正成为企业的基因,成为企业的动力系统。如果只有建设没有管理,就会出现落地不力、坐而论道,这些现象本身就是消解凝聚力的负面文化。

那么企业文化管理与企业文化建设的差异在哪里?

一是关注的重点不同。企业文化建设关注的重点在系统化的内容上,重点是理念系统、视觉系统、行为系统的建设。企业文化管理关注的重点在企业价值的提升上,通过将企业文化的要素深植于企业的业务,创造价值,重点在管理,即上述三大系统的落实执行,企业文化对企业业绩的推动和长期发展的定位、引导。

二是关注的层面不同。企业文化建设的关注层面主要是三大体系(MI、BI、VI)的提炼、设计,内容体系、执行体系和文化落地的思路方案等。这些方法延续了企业形象识别系统(CIS)策划基本思路,借鉴采用了传统思想政治工作的一些模式。重点是内容层面的设计。企业文化管理的关注层面是持续的落地执行与关键成效,包括关键成功要素、关键阻力要素、核心价值要素、关键行为准则(和细则)、战略匹配、文化深植、持续提升。重点是文化与业务、战略的匹配和微观执行。企业文化管理牵系管理的所有层面,不仅仅关联到战略、组织、人力、流程、营销等职能层面,也关联到企业上至最高决策层、下至普通员工的管理的等级层面,还涉及企业各地分支机构的地域层面和岗位职级层面等等,不仅仅要看整体的同一性和统一性,还要考察每个层面的复杂性和差异性。企业文化管理通过有效的指导,是文化理念在各个层面落地深植,以使各个序列提升各自的价值,从而实现整体价值的协同提升。

三是关注的深度不同。企业文化建设着眼于对企业发展遵循理念的挖掘和提炼,重点是创始人和企业骨干员工价值观及其背后的假设,并据此形成视觉表现、行为规范,一般以走访座谈为主要形式,工作成果是形成三大系统的方案。

企业文化管理本身就是管理,是着眼于理念植入的管理,实现理念共享、行动一致,是更高层次的管理。所以其管理的深度体现在:内化于心,形成指导一切行为的价值观;外化于行,以价值观为指导的行为规范。从根本上提升管理者的变革适应性和管理胜任能力,提升企业解决关键问题的能力和效率。并且由行政管理发展成文化的"自觉管理"。不仅仅关注企业管理问题,更关注管理问题背后的问题(价值观及其假设)并致力解决。

四是关注的强度不同。企业文化建设一般会关注认知度和认同度的考评,上级组织发文"强化企业文化的重要性"、组织到位和经费到位检查、员工满意度调查、文化本身的考核等等,但不涉及企业系统调整,所以无法引领企业的系统变革。往往整个建设看似热火朝天,大张旗鼓,但其实与企业管理提升无关。

企业文化管理清晰确立组织运行的价值核心,由高层强烈传达核心价值信号,通过定期关注、评估和调整控制、分配资源、实施奖惩等手段,强化信念和价值观,形成企业发展"氛围";同时围绕核心价值直接从企业最关键的问题着手,展开战略、架构、人力、流程等各个关键环节的调整,强化动力,消弭阻力,纲举目张地引动组织的系统变革。企业文化管理更多的是转变组织和个人的行为,尤其是利用思想、方法、工具来解决问题,因而是持续的。"工作内容与时俱进,但核心理念不变",成为企业文化的要旨,也是管理持续改进的要旨。

我们说企业文化不是表面文章,正是指企业文化的管理功能,通过把理念深植于企业的战略、业务和员工行为,促进企业的健康发展。如何让企业文化真正深入企业管理的各个方面?如何让大家实实在在地感受到企业管理风气、管理气氛、管理行为和管理绩效的上升?我们不仅要重视企业文化建设,更要重视企业文化管理。通过企业文化管理直接切入核心,由领导班子和管理者团队引领并身体力行,紧扣核心价值驱动要素,从组织和个人全面致力改善组织状态。企业文化建设明确工作方向,企业文化管理提升企业价值。

3.2 企业文化是一把手工程

企业一把手尤其是创始人在企业发展中的作用十分关键。一把手不仅是企业的创建者、领导者,对企业的经营负责,还是文化的发动者、变革者,通过企业文化影响企业的战略、管理,最终影响企业的发展。

埃德加·沙因认为,在初创企业里,"个人信念、假设以及企业家或创始人的价值观经常被强加给所雇用的员工,如果企业取得了成功,它们就被大家共享,视为真知灼见,并认为是理所当然的。"因此,"文化是企业组织的原始资产"。

企业家在文化塑造中的作用毋庸置疑。有记者问海尔张瑞敏:"你在企业中应当是什么角色?"张瑞敏回答:"第一,应是设计师;第二,应是牧师。"他认为企业家的责任是设计架构、塑造文化、传道解惑。海尔的经验告诉我们,成功的管理、消费者欢迎的产品乃至发展战略、组织变革,都首先是企业文化的管理与变革,而张瑞敏在其中起到十分关键的作用。经营之神松下幸之助说:"企业是一种宗教事业!"因此,领导人必须注意:公司要向其成员提供的不仅是薪酬、权力和做事业的平台,还需要提供价值皈依和精神家园,提供职业和生命的更丰富的内涵。作为这种精神力量的提供者,企业家自然是文化的源泉和推动力。所以企业文化常被称为"一把手"工程,一把手通过自己在企业中的影响,真正将文化作为发展的动力之源,心解力行,持之以恒,才可能塑造出与价值观匹配、促进业务发展的文化。

所以,很多企业家被称为企业宗教的教主。IBM 是 1911 年创立,在 1914 年,创始人老托马斯·沃森就为公司的员工,包括管理层,设立了"行为准则"。这些"行为准则"被称为"沃森哲学"。这些准则一直牢记在公司每位员工的心中,任何一个行动及政策都直接受其影响。在企业运营中,任何处于主管职位的人必须彻底明白"公司原则"。他们必须向下属说明,而且要一再重复,使员工知道,"原则"是多么重要。IBM 公司在会议中、内部刊物中、备忘录中、集会中所规定的事项,或在私人谈话中都可以发现"公司哲学"贯彻在其中。这就是著名的"三原则":尊重个人、顾客至上、追求卓越。

领导人通过变革企业文化重构企业战略,换一个角度也可以说,新战略的执行必须以企业文化的重构为前提,否则,文化的阻力将对战略产生严重的负面影响。20 世纪 90 年代,当 IBM 面临机构烦冗、效率低下的重重危机时,郭士纳在 1993 年开始重塑蓝色巨人的征程,确立公司从硬件厂商向服务转型,"力争取胜、快速执行、团队精神"成了当时 IBM 得以快速整合转型的关键。郭士纳坦言:"'力争取胜、快速执行和团队精神'将会在某天成为历史,我们将会发现新的拥有优势和活力的办法,我们这种不断自我更新的精神将成为公司文化中永恒的一部分。"

良好的企业文化不仅给人注入动力,而且引领企业前进的方向,文化是商业模式转型的发动机。当商业模式、技术以及社会期望值都在改变的时候,IBM 向世界宣告"随需应变的时代"已经来临,2003 年左右,彭明盛带领全球 IBM 人进行价值观大讨论,通过公司自己开发的软件 Value Jam 抓取关键词,重新定义公司价值观为"成就客户、创新为要、诚信负责",是在随需应变时代"拥有新的优势和活力"所必须具备的原则和信念,取代了延续近百年的三大准则。这是全球 32 万 IBM 人共同总结出来的,是融合 IBM 最优秀的新老基因的价值观,是 IBM 近一个世纪公司文化发展的产物。顾客至上与成就客户,看起来都是服务顾客的意思,但其背后商业模式的内涵有着天壤之别,也是卖产品的思维跟卖系统解决方案的差别。只有帮助客户取得最大的成就,带给他们更多的附加价值,才是成就的来源。"成就客户"取代"尊重个人",成为第一价值观,代表企业关注点从内向外的转型,即秉承"创新为要"和"诚信负责"的态度去"成就客户"。从以上变革的过程看,IBM 价值观的逻辑基础,从个人转向团队,再到人的品质诚信。在客户方面,从顾客服务,转向成就客户,是服务顾客的升级,是以新的公司战略——系统解决方案为基础的。在工作绩效的衡量上,将容易导致自以为是的精品主义的"追求卓越",转变为应时而变的"创新为要",从而推动 IBM 从一个硬件制造商成功转型为系统服务商。

　　领导人在文化塑造过程中起到引领作用。埃德加·沙因认为,文化基本上有三个来源:组织创建者的信念、价值观和假设;团体成员随着组织的发展而形成的学习经历;新成员和新领导所带来的新信念、新价值观和新假设。而其中创建者的影响最为重要。

　　领导人首先要关注价值观,价值观是否符合企业发展,能否创造社会价值。对于大部分企业家来说,既是价值观的源泉,更是以身作则的带头人。企业文化最核心的精神层面,包括使命、愿景、价值观、工作准则,都来源于领导人。也就是确立企业的战略与文化选择等,使大家认同,遵循这些才有成功,才有前途。只有追随这个方向的人最终才能成功。

其次,领导人要以身作则,率先垂范。柳传志说,联想文化的建立和传承,一是要统一思想,二是要宣传贯彻,三是干部尤其是"一把手"的以身作则,企业领导人只有做到第三条,前两条才能真正起作用,才能真正做到企业利益为第一位。他还举例说,在联想创办的第一批的 11 个员工中有 6 人吸烟,他自己平常都是吸两角多钱的烟,档次不高,出外办事交际给别人这种香烟不合适。如果要买五角多钱的好烟,企业的烟和私人的烟就很难分清楚。如果可以用公司的钱买烟,就会形成一种风气,大家以后都会不自觉地"占公家的便宜"。后来,几个创业者就一起商量,干脆把烟戒了。

所谓"成也萧何、败也萧何",公司管理层、特别是高管层,对公司核心价值观的倡导和示范,将直接决定公司所倡导的核心价值观能否得到顺利落实。公司管理层,特别是高层管理者是公司核心价值观的主要决定者,但在现实中,往往也是公司核心价值观不能有效落地的破坏者。他们经常会通过自身的随意行为,干扰甚至破坏公司的核心价值观,使得公司的核心价值观变为"墙上核心价值观"——只是把核心价值观挂在墙上。这一现象在公司高层领导人发生更替的时候,尤其如此。在中国有太多的企业家在核心价值观的建设上陷入了误区:他们只是把核心价值观形成口号,挂在墙上,只重视做表面文章,但却忽视了核心价值观对自己约束和引领作用,忽视了在全体员工内心的深植。所谓"己所不欲、勿施于人""上梁不正下梁歪",管理者都不能带头遵守,公司核心价值观谈何能得到有效落地呢? 结果是员工对制度建立的不信任,使制度的执行埋下了危机,所以领导人是公司文化的第一表率。

有些企业之所以没有形成优秀的文化,根源在于企业家没有重视自身的文化源泉、文化维护、文化表率、文化品牌作用。企业家需要切实地将文化当做一把手工程。

企业文化是一把手工程,是指企业领导者对企业文化的充分理解、高度重视、科学组织和模范实践,绝不是企业家价值观和想法对企业文化的简单替代。健康的企业文化一定是在共享价值观之下的全体员工的共同努力。其中企业领导者尤其是一把手的行为起着关键的作用。一把手的模范行为是一种无声的号召,对下属成员起着重要的示范作用,通过这种示范和科学的管理机制,最终形成企业属于自己所特有的企业文化,促进企业健康发展。

3.3 企业文化管理的机制

企业文化以理念、视觉、行为为主要内容的基础体系建设完成后,接下来就是进行企业文化管理,通过各种措施、制度、活动等载体,形成全体成员的全面认同和扎扎实实的执行,以理念为标准形成习惯,成为整个企业的行事风格,促进业务体系的良性发展。从一个新成员的角度看,这个过程就是团队中的领导者和前辈教导、带领新成员如何在团队中与人相处并融入团队。在这个过程中,创始人或领导者起着十分关键的作用。那么,企业通过哪些机制完成、完善这个过程的呢?根据我们的观察和实践经验,结合前辈学者的研究成果,有六种主要的机制和次要的机制帮助企业在团队中植入企业文化,从理念转化为行动。

主要的形成和强化机制
1.领导者的关注、评估和调整

2.对关键事件和危机处理应对

3.如何分配资源

4.示范、教授和指导

5.如何分配奖励和职位调整

6.如何招聘、选拔、晋升和解雇员工

次要的形成和强化机制

1.组织架构

2.制度和流程

3.仪式和典礼

4.物理空间、外观和建筑的设计

5.重要事件和重要人物的故事

6.组织哲学、信条和章程的正式声明

通过领导者的关注、评估和调整强化企业文化

领导人的关注、检查以及表现出来的态度无疑会引起员工的重视,尤其是创业期、成长期的企业,领导人的一举一动都会对员工有示范和引导作用。马云说:"价值观不是虚无缥缈的东西,是需要考核的。不考核,这价值观没用。企业文化,是考核出来的。如果你的企业文化是贴在墙上的,你也不知道怎么考核,全是瞎扯。""我们十多年来每个季度都考核价值观。我们的业绩和价值观是一起考核的。每年的年终奖、晋升都要和价值观挂钩。你业绩好,价值观不行,是不能被晋升的。你热爱公司,你因为帮助别人,自己业绩没有完成,那也不行。只有这两个都做好了才行。这是一整套考核机制。"

学步期企业的领导者重视销售,就会在销售方面给予更多关注,销

量成为评价一个部门、一个人的标准。值得注意的是,领导者有时为了销量会默认、纵容一些为增加销售损害顾客利益的行为,长此以往"客户第一"的价值就会变成一句空话。

下属能够通过领导者的行为来解读并调整自己的行为,强调还是不够强调,重视还是不够重视,员工会寻找一些强有力的信号并进行判断,从而指导自己的工作。比如有领导虽然大会小会强调销量,但没有完成销售任务的人并没有受到惩罚,怠惰就会蔓延;如果通过损害顾客利益而获得的销量得到认可,损害顾客利益的行为就会不断发生。

很多人都熟悉海尔张瑞敏砸冰箱的故事。如果当初采用多数人提出的建议,将不合格冰箱便宜点儿处理给职工,就不会有后来对质量的高度重视,不会有海尔的高速发展。当时一台冰箱的价格 800 多元,相当于一名职工两年的收入。张瑞敏说:"我要是允许把这 76 台冰箱卖了,就等于允许你们明天再生产 760 台这样的冰箱。"他宣布,这些冰箱要全部砸掉,谁干的谁来砸,并抡起大锤亲手砸了第一锤!很多职工砸冰箱时流下了眼泪。然后,张瑞敏告诉大家:有缺陷的产品就是废品。三年以后,海尔人捧回了中国冰箱行业的第一块国家质量金奖。

领导者持续关注、奖励、调整及产生情绪化反应的事情,都清晰传递了什么是他们优先考虑的,"风起于青萍之末",员工就会按照这些引导行事,企业的文化就是这样形成。

【案例】宗庆后的小气与大方

虽然顶着首富的桂冠,但宗庆后是走在大街上就会被淹没在人堆里的那种人。有一次,他候机时拐进机场精品店了解奢侈品销售情况,服务员对眼前这位衣着朴素的老汉态度相当轻慢。提及此事,一位随行人员至今仍情绪激动,说自己当时恨不得就冲上去告诉对方:"你们眼前这位朴素的老者,是中国最有购买力的人!"

宗庆后出差很少带随从人员,经常是一个人拖上行李箱就出发了。前几年,他坚持不坐飞机头等舱,不住高档酒店。后来,因为腰不太好了,他也就不再坚持。

只要不外出,宗庆后基本上一日三餐都在公司餐厅解决,喜欢吃素菜。他从不专门抽出时间锻炼身体,但平时走路健步如飞,身边的年轻人都很难追赶上他。

宗庆后每天的日常生活,像钟表一样精准地运转。除非出去跑市场或出国交流,每天早上7点左右,他都会准时出现在娃哈哈总部。大约下午6点时,他的司机就会把奔驰S650开到楼下,等他下班,但经常要等到夜里11点。

宗庆后自称"没有业余生活"。他唯一的休息方式,是在办公室用DVD播放机看电影,或是在车上听歌、看电影。

对员工,宗庆后却很大方。

娃哈哈自1999年起即推行全员持股计划,打破身份界限,无论是高层管理者还是一线普通工人,以业绩、贡献为导向,满足条件的员工就可以持有数额不等的公司股份,员工每年享受高额分红,股权激励政策让员工享受企业发展成果的同时,真正成为企业的主人。

这些年房价高居不下,住房问题成为许多年轻人面临的最直接、最困难的问题。娃哈哈建立了一套阶梯式的住房福利政策,免费为每一位外来青工、新进大学生提供宿舍,宿舍内空调、电视、网络等设施齐全;对于年满一定工龄、表现优秀的已婚外来青工,公司建起了800多套70至90平方米的廉租房,统一装修后分配到员工手中;对于在杭知识员工及老员工,公司先后分配住房1300多套,发放住房补贴4000万元,解决了大部分杭州员工的住房问题,目前公司正规划再为员工建设一批人才房,帮助员工实现"居者有其屋"。

通过对关键事件和危机处理强化企业文化

面对顾客退货,不同企业有不同处理方法。退还是不退,以及员工现场的态度,都是企业文化的反映。

当一个企业面临危机时,领导者和其他员工处理危机的方式最能充分反映企业的价值观,同时这种处理方式会形成新的价值观、规定和工作流程。

【案例】京东化危为机

2018 年 3 月,互联网巨头京东遭遇信任危机。作家六六投诉京东,称一位朋友在京东全球购遭遇商家"售假",向京东客服和消协投诉后都未得到合理的结果,引发网友热议。六六发微博称,其师姐程女士在京东全球购买了美国 Comfort U 护腰枕,京东标价人民币 1489 元,美国官网售价 109.95 美元。而商家实际发货的是一个标识为 Contour U 的护腰枕,美国官网售价 33.6 美元。京东全球购宣传"正品保证""假一罚十",但商家解释称为发错货,可以退货退款,但拒绝"假一罚十"。经过一番相互推诿、相互指责后,最后京东发文道歉。

3 月 30 日,京东集团董事局主席兼 CEO 刘强东向全体员工发布了内部信,直面事件,承认错误,向顾客道歉,并以此为契机,宣布将京东文化升级为"T 型文化"——即"正道成功""客户为先"和"只做第一"。

在内部信中,刘强东表示,"事件发生后,全集团的高管围绕这个案例进行了多次的剖析,并开展了深刻的反思,为此,公司专门推出了全流程更高标准的客户满意度准则,并在集团层面成立了客户卓越体验部,以消费者体验为唯一依据和评判标准去推动各个部门提升服务水平、质量和客户满意度。"

在刘强东看来，只有依靠共同的价值准则和文化信仰，才能让每个京东人都能发自内心地对客户微笑、与客户建立家人般的感情和信任、将客户的包裹像眼睛一样爱护。在京东员工总数达到 16 万的情况下，文化和价值观如何不被稀释？刘强东说，"只有拥有自我迭代、自我革新和自我反思能力的企业才能成为真正伟大的企业。当前，我们处于无界零售来临的前夜，集团在战略转型变革的深水区中机遇稍纵即逝，尽管我们已经拥有了一定的行业地位，但距离我们的梦想还远没有达到可以停下来歇歇脚、喘口气的时候。"他还提到，京东价值观升级为"T 型文化"——即"正道成功""客户为先"和"只做第一"，虽然只有简简单单的十二个字，但却高度概括了京东最本源的基因、最鲜明的气质和最内核的 DNA。

整个事件都在舆论的关注下进行。京东最初的表现并不令人满意，但其强大的基因促使其态度转变，最后将一场危机化解，并且转变为一次成功的公关，危机转化为机会。

对关键事件的处理反映了一个企业的深层次的价值观，同时，这种态度也决定了企业未来的发展。

很多组织都遭遇过销售萎缩、库存过多、技术陈旧、成本过大等危机。有的企业通过裁员降低成本，通过降价减少库存，而有的企业是通过降薪和加班、通过全员销售降低库存。前一种做法显然只把员工当做赚钱的工具，而后一种做法更容易形成上下一心的企业文化。

面对员工或管理层的错误，不同企业也有不同的处理方法，不同的方法都会强化企业的价值观。

有人讲述了一个关于小汤姆·沃森的故事。一个年轻的管理人员由于决策的失误使得公司损失了几百万。他被招到沃森的办公室,当时他以为自己会被解雇。于是他走进沃森的办公室,就说道:"我就知道你们会在我造成失误后炒我鱿鱼。"沃森回答说:"不,年轻人,我们只不过花了几百万来培养你而已。"

通过分配资源强化企业文化

企业制定预算、分配资源的过程也是揭示企业领导者价值观和信念的过程,是通过分配资源强化企业文化的过程。以利润为导向还是以使命为导向,量入为出、滚动发展还是量出为入、融资发展,都反映了企业的价值观,都会在一定程度上强化企业文化。

所有企业都强调管理,在管理方面你花多少工夫,就会有多少收获。一个企业管理咨询项目能花多少钱?华为公司为了向管理巨头 IBM 学习,力排众议,斥资 40 亿元,开展了为期 10 年的管理变革。被誉为商业历史上的奇迹。

1998 年 8 月,华为斥资 20 亿元启动与 IBM 合作的"IT 策略与规划"项目,内容包括华为未来 3~5 年向世界级企业转型所需开展的 IPD(集成产品开发)、ISC(集成供应链)、IT 系统重整、财务四统一等 8 个管理变革项目。

2004 年至 2007 年,华为再度斥资 20 亿元师从 IBM,先后进行了EMT(Executive Management Team,企业最高决策与权力机构)、财务监管等第二期管理变革。在 IBM 近百位有多年跨国公司"领导力、决策、市场、流程管理、财务监管"经验的高级顾问团悉心指导和真诚帮助下,历时 10 年虚心学习和潜心苦练,华为终于修成正果,成就了我们现在所看到的充满创新活力的世界级企业。美国《商业周刊》评价道:"凭借专利与创新,华为不仅成为中国企业国际化的标志,也已成为世界革新的领袖,创造了全球企业未曾有过的历史,是新时代的成吉思汗!"

为什么华为有这样的决心?任正非这样解释:"我们只有认真向这些大公司学习,才会使自己少走弯路,少交学费。IBM 的经验是付出数十亿美元直接代价总结出来的,他们经历的痛苦是人类的宝贵财富。""IPD 关系到公司未来的生存与发展,各级组织、各级部门都要充分认识到它的重要性。"

强调重视人力资源,这也是所有企业都在说的。但你在人力资源建设方面有多少投入?分析华为在人力资源方面的投入,对所有企业都会有启发。

领导者的时间分配也是资源分配。领导者在哪个方面的工作投入的时间多,这方面的工作就会有更快发展和更高效率。娃哈哈掌门人宗庆后说,他每年都会用三分之二的时间跑市场,从经销商、消费者那里获得市场信息,所以娃哈哈的渠道控制力特别强大,尤其是对于县乡市场具有超强控制力。据报道,娃哈哈在全国几乎所有县都有一批商,几乎没有空白市场。在国内,尚没有其他饮料品牌能够像娃哈哈这样覆盖如此多的县乡市场,并渗透到广大农村的各个角落。万科创始人王石的更多的时间是思考宏观经济环境、行业趋势,甚至年近 60 时还游学哈佛、剑桥,王石说:"我曾经问过自己,给万科带来了什么?首先,选择了一个行业;其次,建立了一个制度,就是现代企业制度;最后,还培养了一个团队。这是我的作用。"

就企业发展的生命周期来看,在学步期,领导者应该更多投身到销售,在青春期和壮年期,领导者应该在制度、流程建设企业文化管理方面投入更多时间。

通过领导者的示范、教授和指导强化企业文化

企业领导者尤其是创始人都知道,他们的一举一动对于其他员工,特别是新员工的影响都是巨大的。宗庆后的勤勉刻苦、事必躬亲带动了娃哈哈的"励精图治、艰苦奋斗、勇于开拓、自强不息"的"家"文化;王石的自律自强、前沿意识造就了万科的"阳光"文化,形成了"阳光照亮的体制",建立起一套严密的管理制度和流程。

【案例】沃尔顿与沃尔玛"疯癫"的企业文化

"让顾客满意"是沃尔玛公司的首要目标。创始人山姆·沃尔顿有句名言:"请对顾客露出你的八颗牙。"在山姆看来,只有微笑到露出八颗牙的程度,才称得上是合格的"微笑服务"。山姆还教导员工:"当顾客走到距离你10英尺的范围内时,你要温和地看着顾客的眼睛,鼓励他向你咨询和求助。"这一条被概括为"十英尺态度",成为沃尔玛的员工准则。还有沃尔玛企业文化中"不要把今天的工作拖到明天""永远提供超出顾客预期的服务"等规则,已写进了美国的营销教科书。

沃尔玛的员工总是设法让生活变得有趣及充满意外,他们经常会作出近似疯狂的举动来吸引人们的注意,让顾客们感觉趣味横生。山姆本人就是一个典型,有一次他答应如果公司业绩出现飞跃,他会穿上草裙和夏威夷衫在华尔街上跳草裙舞。当公司年营业额的确超出了他的预料,于是他真的在美国金融之都华尔街上跳起了欢快的草裙舞,当时被报界大肆曝光。

尽管有些人认为沃尔玛有一群疯疯癫癫的人,但了解沃尔玛文化的人却懂得它的用意,所有这些都旨在鼓励人们打破陈规和单调生活,去努力创新。"为了工作更有趣"这就是山姆的"吹口哨工作"哲学。

尽管山姆成了亿元富翁，但他节俭的习惯却一点也没变。他没购置过豪宅，一直住在本顿维尔，经常开着自己的旧货车进出小镇。镇上的人都知道，山姆是个"抠门"的老头儿，每次理发都只花5美元——当地理发的最低价。但是，这个"小气鬼"却向美国5所大学捐出了数亿美元，并在全国范围内设立了很多奖学金。

山姆·沃尔顿一生都在勤勉地工作。在他60多岁的时候，每天仍然从早上4:30就开始工作，直到深夜，偶尔还会在某个凌晨4:00访问一处配送中心，与员工一起吃早点和咖啡。他常自己开着飞机，从一家分店跑到另一家分店，每周至少有4天花在这类访问上，有时甚至6天。在周末上午的经理会前，他通常3:00就到办公室准备有关文件和材料。20世纪70年代时，山姆保持一年至少对每家分店访问两次，他熟悉这些分店的经理和许多员工。后来，公司太大了，不可能遍访每家分店了，但他仍尽可能地跑。

老沃尔顿的几个儿子也都继承了父亲节俭的性格。美国大公司一般都有豪华的办公室，现任公司总裁吉姆·沃尔顿的办公室却只有20平方米，公司董事会主席罗宾逊·沃尔顿的办公室则只有12平方米，而且他们办公室内的陈设也都十分简单，以至于很多人把沃尔玛形容成"'穷人'开店穷人买"。

领导者的行为比制度更有影响力和推动力，在一定程度上，领导者的行为可以弥补制度建设的不足；另一方面，领导者的行为也可以破坏、阻碍制度的执行。很多企业都制定了《员工行为规范》，但能否落实、能否坚持，领导者的示范、教授和指导起着十分重要的作用。

通过薪酬分配、奖励和职位强化企业文化

企业的薪酬分配和奖励政策会直接影响员工的切身利益，是员工密切关注的。企业在分配薪酬时遵从的标准，其实也代表着企业文化的方向，一定程度上影响员工的行为。技术优先还是销售优先？向一线员工倾斜还是向管理者倾斜？哪些行为得到奖励或惩罚？这些决策都在向员工传递着信息，什么是领导者优先考虑的事情，以及他们的价值观和假设。

某企业特别强调员工自主工作，但自主工作的态度很难量化评判。而在实际工作中，那些得到创始人认可的人或者方案会得到肯定，这些人更容易得到奖励。这里隐含的假设是，企业创始人的意见是评价工作的主要标准，如果一个真正的进行自我管理而没有得到创始人的许可，将可能面临"犯错"风险。他们只需要看看那些"成功"的员工的实实在在的待遇，就知道自己的工作方向：他们通过揣摩创始人的想法再形成自己的方案并得到创始人认可，工作中不断把"好消息"向创始人反馈，就更可能得到提升、奖励。长此以往，这个企业就形成了"一言堂"的企业文化，制度、流程很难建立，自主工作很难实现。

华为公司有一年在深圳体育馆开了个万人大会，其中有一项是给研发部门发奖，奖品是用漂亮的镜框镶着的滞销产品。也就是很多研发设计出来的产品，没有卖出去，直接变成了库房里面的呆死料。当时很多"创新产品"都是盲目创新。这个"奖"，对研发人员是个非常大的触动。

通过招聘、选拔、晋升和解雇员工强化企业文化

企业人力资源建设中，最容易被忽视的是招聘环节人才与企业文化的匹配。企业招聘人才，重视能力、学历，甚至长相、五行八字，但常常忽视价值观与企业的匹配。有人说，企业招聘不应该只是选择最优秀的人才，而是要寻找到最合适的。什么是"合适"的？核心是价值观、个人工作作风等与企业相匹配就是最重要的标准。通常说的最优秀的人才，只

是拥有了最优秀的能力,但如果无法融入企业工作和企业文化中,也会让企业浪费人才资源,让人才失去职业机会。在华为公司里,"合适"的标准是:企业目前需要什么样的人、岗位需要什么样的人,前者更看重人才的价值观、态度和个性,后者偏向于人才的能力和素质。企业与人才的双向合适,才有可能实现双方共同发展。

不论是成长中的企业还是刚刚创业的公司,都愿意找到合得上拍的人,找到和组织"血型"一致的人。核心就是要找到认同公司的愿景、价值观,具有公司要求的品质和职业素养的人。

但实际招聘的时候,我们的 HR 和业务部门负责人往往忽略了这一点,大家都很注重应聘者的简历,从学历、经验、背景到专业技能,这些都是招聘面试时关注的重点,所有的提问都围绕着这些展开,大家都很关心这个人来了能不能干活,却忘记了一点,他来了后能不能干得下去,或者说他愿不愿意为你干?他是不是和企业文化、和你所倡导的做人的理念一致?他是不是认同企业的使命、愿景、价值观?

所以,在招才选将的时候,我们不能仅仅做一个工匠,只注重从技术的角度像精心挑选砖瓦块一样对待应聘者,而应该站在企业整体需求的层面上,站在企业文化的角度来观察人,像一个识人的智者一样,先从人的思维、性格、内在潜质上来判断他是否合适。这就要知道我们的企业文化是什么?需要什么样的价值观和才能。很多企业都有用人之道,比如说联想的用人之道就是要找到发动机,而不是螺母钉,这个"道"可能基于企业的发展历程、所处的行业、产品特征、客户群,甚至是老板的一些个人想法决定的,这都很正常,只要是一个组织,就会有它独特的用人文化。

曾经被称为"土狼"的华为,在招聘时致力于要找到具有狼的精神和品质的人。发展到今天,华为一直把人作为企业发展的动力。一定要找到符合自己独特的企业文化要求的人,进入华为后,还有企业文化、岗位技术等内容的一系列培训。

在阿里巴巴,面试最后一关会设置一个闻味官,这个"闻味道"跟结构化面试不同,主要是聊聊工作,聊聊家庭,这样"闻味官"就能感觉到,被面试者跟这个组织是否味道相同。从直觉判断应聘者的价值观、能量和气质是否符合阿里的要求,是否有"阿里味儿",其核心是否符合阿里文化的"六脉神剑":客户第一、团队合作、拥抱变化、激情、诚信、敬业。

价值观会通过人才的选拔、晋升、解雇中得到强化。技术能力、学历水平往往是有形的,容易衡量。在这些条件基本相似的情况下,甲的想法多,有创新意识,但往往与领导者意见不同;乙更多表现为遵守规则,按领导意图办事。谁能够晋升谁不能够晋升,往往价值观等无形的东西要起到关键作用。如果提拔了甲,实际上传达了更重视创新的文化,提拔了乙则更重视执行。

企业文化的价值在于它通过一系列奖惩制度和规章、对这些制度和规章的应用,以及包括宣讲在内的其他文化建设方式,来向企业内外传达一种信息,即企业鼓励什么,不鼓励什么,惩罚什么。奖惩制度和规章是企业文化的具体体现形式之一,但企业文化远不止于这些规章和制度;前者是公示的、人所共知的游戏规则,而后者则有赖于每个人发自内心的判断。

【案例】阿里巴巴"内网秒杀月饼事件"

中秋节为员工家人准备月饼是阿里的传统,每位员工都能分到一盒。2016年,因为月饼造型可爱,受到大家欢迎,不少员工希望再多买几盒送给亲朋好友。为此,公司行政决定将为数不多的余量月饼通过内网面向员工以成本价销售,并临时开发了一个内部预定页面。

在阿里内部展开的中秋抢月饼活动中,5名程序员使用脚本代码,多刷了133盒月饼。根据内部决定,为了维护企业文化,阿里巴巴决定将这5名员工开除。需要特别指出的是,其中第5个人是安全部的高级专家,阿里老员工,也一视同仁被开除。

阿里在公开信中表示,这不是一个容易做出的决定,但必须坚信正确的方向和公司文化。5名员工有炫技嫌疑,而且使用工具作弊触及了诚信红线。

确实,这不是一个容易做出的决定,也不是一个可以得到各方面理解的决定,这个决定也让阿里巴巴再次成为舆论的风暴眼。有人说阿里坚定捍卫价值观,有人说是小题大做。但无论如何,阿里再次向员工和社会宣示了自己的价值观:诚信、敬业不仅是写在纸上的,也是落实在行动中的。

通过组织结构强化企业文化

企业组织结构是实现目标和任务的手段,也是体现企业文化的载体。企业组织结构是指在协同工作、实现目标的过程中联结企业成员的方式以及这种方式所构成的形态,是企业内部各个组织机构之间的关系组合。通俗地讲就是,通过设置哪些部门、这些部门如何协作,完成企业的任务和目标。

企业组织结构的设计和企业文化的形成,都对组织绩效起到了重要的作用,它们之间在企业成长过程中的不同阶段以不同的形式出现,存在着动态联系和相互制约的动态均衡,共同影响着企业的发展。企业组织结构对企业文化的影响体现在两个方面:一是企业文化管理部门,相关的组织设置、人员配备、工作制度流程等,对企业文化的影响是直接的,效果也是显著的。二是企业发展过程中研发、生产、销售等组织结构的设计对企业文化的影响,其效果是间接的,但通过反映企业对业务模块的重视程度进而反映企业文化。企业在不同的发展时期的组织结构反映出其不同的文化特质,同时也通过组织结构影响企业文化的形成。

企业创业期。企业的创业过程,也是其基本管理方法、经营模式、组织结构和文化基调逐步形成的过程,企业组织结构一般以松散的模式出现。企业核心人物一般参与生产、销售,对运营中的事务性工作直接管理。管理者凭借自己拥有的专门知识来指导下级。随着企业逐渐步入正轨,相对于企业文化而言,适应目前发展状态的简单组织机构和相应职能部门逐渐出现,但这一时期企业组织结构更趋近于扁平化,创始人和大家共同工作,企业文化导向偏好于团队的创业激情和共同创造价值的成就感。

适合企业发展的组织结构是企业文化成长的硬件载体。因此,在企业创业期,创造有效的组织结构对企业文化的创造和形成起到了基奠和传承载体的作用。对大多数企业而言,这段时期,企业的组织结构逐渐确立,而企业文化则略显模糊,并没有形成明确的体系,但会在组织发展的过程中不断强化。如果能有意识地明确企业的使命、愿景、价值观等企业文化的要素,不仅可以加强创业期目标导向、精诚团结的企业文化,而且可以为企业顺利进入发展期创造条件、打好基础。

企业青春期和壮年期。经历了创业期的探索,企业基本上确定了自己的组织结构和行政体系,企业文化也愈显清晰,同时由于企业生产经营规模的不断扩大和企业间竞争的日益激烈,为了适应新的环境,必然要求企业的组织结构做出相应的调整,根据企业的特点,职能式组织结构、事业部制组织结构和矩阵式组织结构逐渐得到应用,与此同时,企业文化也处于一个成长期。这一时期如果能通过加大企业文化的管理职能,加强企业文化的管理,对于保障企业健康发展将起到重要作用。

如果外界环境稳定,企业盈利模式单纯,又不需要太多的跨职能部门间的依存,企业一般会选择能够完成高效标准化操作的职能型组织结构,主要通过纵向层级来实现控制和协同,这意味着企业文化将以一种层级观念和强化效率的基准点为支撑,更多地表现为职能型结构在价值层面的解释。

如果企业规模较大,为了解决高层决策远离企业外部的消费者和内部的生产现场的问题,大型企业一般采用事业部制组织结构,在内部分工与协作中设立彼此独立的事业部。由于这是一种分权式的组织结构,因此,与之相适应的企业文化就应该侧重于强调整体意识和组织的共同愿景,形成组织结构的分权与意识领域的集权相辅相成的模式。

如果企业存在部门各自为政、协调不畅等问题,一般会采用矩阵制组织结构,将职能部门与产品部门融合在一起,充分利用二者优劣势互补,管理不同资源,它便于沟通协调和集中管理,以解决信息共享和协作问题。由于员工存在双重领导,这种结构容易产生职责和职权不易划分的现象,而组织中的企业文化就会朝强化责任意识和企业主人翁定位的方向进行调整。

企业文化会随内外环境发生变化,企业的结构类型也会进行相应的调整和发展,使其更好地适应新的企业文化。运作和谐的组织结构在业务层面顺利完成目标任务的提升,也使企业文化得到强化。

企业转型期。随着内外环境的剧烈变化以及新技术的出现,企业为了生存发展,必然要转型以寻求新的成长机会。这对企业而言不仅是战略的变革,也要求相应的组织变革和企业文化变革。

企业战略变革时,往往从结构变革入手,之后进行文化变革,并使组织结构与企业文化相互融合,完成从表及里、从外到内的变革过程。换言之,企业应通过组织结构变革来"触发变革",通过文化变革来"深化变革"，通过结构与文化的融合来"固化变革"，从而完成一个循环上升的变革过程。

组织变革的模式选择与企业外部环境变化的程度和趋势、企业文化、领导者的权力以及企业发展阶段都有关联。拥有开放的企业文化以及柔性管理模式的企业，可以使组织变革更加平稳。通过企业文化的构建把组织变革的思路转变为全体员工的认识，并通过一些制度文化来保证其顺利进行，那么就可以调动员工的积极性，并把员工的个人目标调整到与企业满足顾客需求的最终目标相一致，顺利完成变革。

企业文化是在特定的结构关系中逐步形成的，企业组织结构也会影响到企业文化，组织结构在很大程度上决定了目标和政策是如何建立的，组织结构在传导文化及实施战略过程中，根据实际和企业需求及时对文化进行调整，使企业能够最大化发展。

企业要发展壮大，组织结构的完善和发展是首要前提，一个理顺了文化与组织结构关系的企业会促进健康的企业文化，并在科学合理的组织结构中真正贯彻实施。

通过流程和制度强化企业文化

流程和制度可以使领导者"关注"的事情、经营管理中的经验变得正式化，在提高工作效率的同时使企业文化得到强化。创业期的公司一般较少流程和制度，因为一切都在探索之中。随着公司的发展，业务增多，员工增加，就需要不断加强流程和制度建设。

流程管理的核心是工作顺序，本质是构造卓越的业务流程。流程管理首先保证了流程是面向结果、面向客户服务的，流程中的活动都应该是增值的活动。员工个人的活动是一个大目标的一个部分，他们的工作都是为了实现工作成果、为客户服务这个大目标服务的。当一个流程经过流程管理,被构造成卓越流程后,人们可以始终如一地执行它,管理人员也可以以一种规范的方式对它进行改进。流程管理保证了一个组织的业务流程是经过精心的设计,并且这种设计可以不断地持续下去,使流程本身可以保持永不落伍。可以说,构造卓越的业务流程是流程管理的本质,是流程管理的根本目的。

一个卫生纸厂关于流程管理的案例很能说明流程对企业文化的影响。这个厂主要使用巨型机器,按照一系列步骤对原材料进行加工,最后生产出一卷卷卫生纸。一个环节出错,工厂在完成后三个环节后才能发现这个错误。此时,一整批产品都要报废。过去,班组长监督机器操作员,指挥他们工作和检查他们的绩效。某个工人觉得他的岗位上稍微调整一下操作方法,后面两道工序的操作流程就会得到改进,但若没有激励机制,他一般是不会走过去和有关工人交谈的。因为他们的绩效标准是离开工作岗位的时间、废品率等,他如果离开工作岗位可能会受到处罚。工厂后来改变了工作流程和绩效考核标准,问题迎刃而解,生产效率大大提高。

企业文化植根于企业日常业务流程中的各个环节。从流程层次上看,企业文化中的价值观影响到企业在产业组织链上的定位,而企业在产业组织链层次上的角色变化也会反过来影响企业文化的价值变革。在企业价值链层次上,业务流程和企业文化在某种视角下更是难以分割的。企业的价值活动既可以用业务流程来表述,也可以用文化流程来诠释。从流程的长效性上看,企业文化的存在是企业业务流程长期高效运作的有力保障。没有企业文化的引导,业务流程的运作就容易偏离企业的战略方向。同时,没有企业文化的支撑,业务流程就缺乏持续运作的动力,业务流程上的团队战斗力也难以为继。另一方面,流程管理作为国际最新的管理理论,对企业文化建设探求新的模式具有科学的指导意义，在指导企业文化建设实践方面具有广阔的前景。流程管理促进企业文化管理，可以看做企业文化建设的方法论。

许多企业都强调以顾客为中心的企业文化，但能不能落到实处，流程的设计起到关键的作用。例如，一家德国公司的彩钢公司制造流程有21道工序，而一家日本同样生产彩钢的公司，其流程只有16道工序。德国公司以企业为中心，以企业的利润最大化作为出发点，不考虑顾客的需求，盲目添加了一些不必要的流程，增加了成本，自然不受顾客欢迎；日本这家公司是"迅速满足顾客要求"，在保证其质量的前提下，采用相对简单的流程，能够进行大批量生产，降低了成本，自然深受顾客喜爱。由此可见，在企业流程管理过程中，树立以顾客为中心的核心价值观，才能使企业立于不败之地；而流程的设计则使企业价值观落到实处。

以顾客为中心的企业流程文化建设，就要让员工树立顾客第一的理念，同时还要有相应的流程设置，才能真正做到从顾客需求出发思考问题，对市场环境急剧变化做出快速反应，持续有效地提供使顾客满意的产品和服务。从这种观点出发，企业流程中与顾客直接产生联系的部分就是关键流程，一定要充分重视。

"员工是第一顾客"，这是企业发展中的新观念。竞争是企业成功的动力，各种竞争最终都归结为人才竞争，人才是企业最宝贵的财富。因此在流程设计之初要充分尊重每一位员工，要为员工提供宽松的工作环境和良好的后勤保障，增强他们的主人翁责任感，使他们能够敬业爱岗、尽职尽责。一些企业提出，企业如何对待自己的员工，你的员工就如何对待顾客，因此，要正确引导和教育员工，使他们能够处理好与顾客的关系，企业才能有竞争力。与流程管理相适应的文化基础是团队精神，即工作小组成员之间的信任感、默契感和积极向上的精神风貌。在此基础上，形成与流程管理同步的企业文化，根据每个人的表现评价员工，同时也接受别人的评价与奖励。

企业运营必须有管理制度。企业制度反映企业信奉的价值理念,做事方式与风格,但企业制度能否真实体现企业文化,还在于流程的设计和执行情况。基于流程管理的企业制度文化建设,是从理性出发,是一种刚性的强制,如果一味依赖严格的制度对员工进行管理,容易把人变成机械的工具,通过企业文化建设,流程执行者要与员工加强沟通,让员工充分理解和认同制度的内涵,制度不能仅仅是一种约束力,重要的是在于自觉性,将制度管理和柔性管理相结合,通过纪律约束增强质量意识、安全意识和诚信意识。

通过仪式与活动强化企业文化

企业在一些特定的日子会举行各种各样的仪式。仪式是文化的载体。仪式存则理念存,仪式亡则理念亡。古代皇帝登基、早朝、泰山封禅等等,都是通过仪式来彰显皇权德政。日常生活诸如春节拜年、清明祭扫等都演绎着传统宗族文化的理念,以形式多样的仪式活动为载体,唤起我们的历史感、道德感和归属感。文化的消亡往往从仪式的淡化开始。

企业仪式是企业文化的具体外显形式,精心设计的企业仪式将企业的日常经营管理戏剧化、固定化、程式化,形象地传递企业价值观和企业精神,潜移默化地熏陶和影响着企业,是助推企业文化建设的强大动力。抽象的价值观往往要借助于仪式而才能生动、具体、可遵循和操作,缺乏仪式的表达方式,企业文化往往会变得僵硬呆板和难以捉摸。要组织好每一个仪式,就要以企业文化为内核,充分考虑员工的需求,精心谋划,务求落实,否则就会变成形式主义,不仅会事倍功半,甚至会适得其反。

常见的企业仪式主要有三种:一是工作仪式,即企业日常经营管理活动中常规性的工作仪式,如工作例会、晨会、培训会、展会等;二是生活仪式,即企业开展的与员工生活直接相关的各种活动,如联欢会、运动会、演讲比赛等;三是纪念性仪式,即指那些对企业具有重要意义的纪念活动仪式,如周年庆典、年会、企业重要节日等。

首先,仪式对企业文化建设和管理具有重要意义。仪式是精神的礼仪,可以让成员产生强大的归属感、自豪感和向心力。在参与企业仪式、感受企业文化的过程中,每个员工都是仪式中不可或缺的角色,获得一种心理体验,发现自己的重要性,意识到自己是企业大家庭中的一员、企业的发展有自己的贡献和力量,从而可以增强员工的归属感和自豪感,提高员工的工作热情和对企业的向心力。日本松下电器公司每天早上八点钟,全体员工诵读松下精神、高唱公司歌曲;每位员工每隔一个月至少要在他所属的团体中进行一次十分钟的演讲,阐述对公司精神的理解及其承担的社会责任。通过这种企业仪式,员工的英雄意识得到有效激发,快乐和使命感油然而生。

仪式是一种强烈的心理暗示,告诉员工什么重要,什么是公司发展和员工发展必不可少的要素。员工生日,人力资源部门送上一个小小的蛋糕,体现了公司对员工的关心。公司诞生庆典,总结过去的经验和教训,宣示未来的战略,标志着新的开始。这种提示能让员工发生变化,将自己的反应能力、思考能力、专注能力提升到一个崭新的状态。这种或隆重或清新、或大或小的暗示,看起来微不足道,但它是一根强有力的杠杆,能够大幅度提升人的行为力。亚马逊在创业之初的工作场所是一个简陋的车间,他们把电脑和铃声连接在了一起,每当铃声响起就意味着亚马逊又卖出一单。这种小仪式在简陋的工作环境中不断激励着贝索斯和他的同事们。在阿里巴巴的早期,1688电话直销团队里,每个工位上都有一个拍手器,只要有人电话成功签单,就会有人举起来拍手,然后全场响着拍手声,像是开 party 一样;有人签一个单,就在自己桌上放一瓶旺仔牛奶,那些优秀业务员桌上的旺仔牛奶往往堆积如山,每一个进去参观的人都会被这种有趣的仪式感所带来的激情所感染。

2009 年 9 月,阿里巴巴在杭州黄龙体育中心举行了约有 3 万人参加的庆典,庆祝阿里巴巴公司创业十周年。当晚马云以朋克造型出现,头戴鸡冠,披头白发,引吭高歌,引得全场轰动,不少员工围着舞台周围欢呼雀跃。这也显示了阿里巴巴追求平等、顾客第一、员工第二、股东第三的原则。当晚马云还总结了阿里巴巴走过的 10 年,也展望了未来 10 年的发展,完美阐释了阿里巴巴一直所追求的 "让天下没有难做的生意" 这一使命。正是对企业文化理念的坚持和秉承,阿里巴巴成为一家持续发展、充满活力的企业,而阿里巴巴公司各类仪式的设计都以这一理念作为依托。

仪式建立规则、强化彼此的尊重,具有较强的规范作用。企业仪式强调一定的程序、步骤、规矩和特殊的要求。如果仪式组织得十分紧凑、有序、意义深远,可以使员工从中认识到行为规范的重要性;如果仪式组织的程序严密而又创意十足,则能让员工认识到公司对于 "创新" 的规范要求。企业管理过程中,不仅可以通过制度来建立规则,同时也可以通过仪式感建立规则、强化规则。

建立在规范的企业仪式上的企业文化具有震撼力和感染力,而领导者的带头参与十分关键。企业文化要具有这样的效果,必须要求员工自觉自发地参与到仪式中来,从而避免出现组织者高度重视,参与者敷衍了事的局面。这就要求管理者首先要从思想上高度重视企业仪式,率先垂范,是建立完整企业文化的灵魂和前提。

其次,增强策划意识,避免企业仪式常见的问题。从企业仪式本身上看,形式单一、缺乏创新,最重要的是企业仪式无法与企业文化保持高度一致,都是仪式较常见的问题。企业仪式在策划之初,就应当从企业精神、使命、愿景和价值观等企业理念层面出发,在企业文化本质内涵的基础上寻找与企业现状的结合点,再去策划具体的仪式。

从企业员工的利益需求来看,员工素质和文化的差异而导致需求具有多样性,而现实中的企业仪式往往是单一的、普适的,难以适应不同员工的差异性。美国心理学家马斯洛在需要层次论中把人的需求分成生理需求、安全需求、社会需求、尊重需求和自我实现需求五类。这五类需求也正是按照由较低层次到较高层次进行排列的。基于马斯洛的需求层次论我们可以看出员工从企业获取的利益需求是不一样的,用完全一致的企业仪式去要求所有的员工是不现实的。因此,在设计企业仪式的时间、内容一定要从员工的实际需求出发,针对不同层次、不同岗位的员工设计不同的形式和内容,才能达到事半功倍的效果。

第三是企业仪式的长效机制建设。传统的企业仪式往往是领导干部的政绩工程,往往只是在特定节日才组织仪式和活动,很难长久地坚持下去。这就降低了企业仪式的作用。应该针对企业文化管理的需要,紧紧围绕企业文化理念,要充分利用企业的时间、空间、人才等资源,建立长效机制,长期坚持,久久为功。

从细节入手,精心策划,周密安排。工作仪式中,最常见的是开会仪式。开会仪式是塑造企业文化形象最直接的手段。开会仪式的重要性主要体现在:可以统一思想,把会议组织者的想法传达给每一个参会者;可以增加员工互动,让会议参与者和组织者逐渐熟悉,直至后来成为好朋友;开会可以让人从繁忙的工作中解脱出来,换一种心态和思路重新审视工作,进行总结与提升;开会可以发挥与会者的聪明才智,共同完成对工作的策划,并做出决定。

作为企业正式仪式,一个简单的工作会议,也需要每个参与者精心设计。从开会的时间、内容、会议的参加人等都需要事先做好准备,有些看起来不起眼的会议,其实是进行企业文化传播的重要场合和机会。

企业仪式要有鲜明的主题。一个主题鲜明的仪式能够将抽象的价值观、经营理念等企业文化语言转化为形象生动、有形可见的行为。让企业员工在一种或庄严、或欢乐、或热烈、或随和的情境氛围中,潜移默化地接受企业文化教育,深化对企业价值理念的认识和理解,进而产生一种强烈的环境认同感和归属感。

精心设计企业的庆典仪式,增加员工的归属感,有利于企业价值观的传递和深植。公司周年庆典、颁奖仪式,从主题、流程到每一个节目,都应该契合企业文化。从形式看,这只是一个单纯的庆典和颁奖仪式,实际上它还扮演着固化和传导企业文化的角色。通过富涵企业文化要素的颁奖仪式,获奖对象在心理上得到了高度的满足,隆重而豪华的仪式似乎就是专门为自己而特设,一种来自内心深处的认同感和使命感油然而生,下定决心为企业奉献终生的动力自此产生。这种心理上的感受还会随着与会者在企业内部的宣传而扩散,只要庆典仪式能带给与会者足够的震撼,这种宣传和影响扩散几乎是必然的。这就能够激发更多员工的热情和积极性,提高他们对企业的认同度,确立他们今后在企业中努力的方向和目标。

奖惩仪式与企业文化对接,能彰显企业核心价值观。奖惩是企业激励员工的重要形式。很多公司年底都有奖金分红,惯常使用银行转账的方式发放。其实,举办颁奖仪式,选择现场发送,颁奖仪式带给获奖对象的荣耀感和对其他员工的感染将会大大增强。同时,公司通过奖金额度和奖项的设定能够清晰地传达表述其价值取向和对奖惩仪式的重视程度。

公司的奖惩仪式要有企业自己的文化特色,而不是简简单单发钱,要时时刻刻体现公司的文化氛围。在美国的麦当劳总部公司，最佳汉堡包制作团队竞赛是每个年度企业最重大的事件。通过仔细琢磨汉堡包制作的细节这样的方式，麦当劳向世人传达出质量至上的企业价值观。

非正式仪式的组织要有针对性，要人性化。企业仪式强调一定的程序、步骤、规矩和特殊的要求。而员工往往会认为这是形式主义，只不过是走走过场，甚至有人对此不屑一顾。尤其是一些非正式的仪式，员工更容易产生得过且过的想法。所以企业仪式不宜过多，要注重质量和效果；非正式仪式的组织也要十分紧凑、有序、意义深远，让员工意识到非正式仪式也是严密而又创意十足的。

企业文化是以观念的形式潜移默化地渗透于员工的思想，进而调节员工行为。而作为企业文化中一种企业仪式，是一种最直接的、又是更深层次的影响因素，其对企业文化的建设和管理作用十分重要，因而要策划好落实好。

通过企业建筑和物理空间强化企业文化

文化是人类文明的总和，建筑是文化的存在形式之一。建筑是实体的物，承载了特定的文化意义，同时建筑本身也是文化内容的一部分。建筑不仅满足了社会的物质要求，更体现了人们的意识观念、伦理道德、审美情趣、生活行为方式和社会心理等精神需求，反映了隐含于其中的深层次的文化内涵。同时，建筑形成的区域环境，会对置身其中的人们的思想、行为、心理、生活方式等产生潜移默化的影响，会形成一种形象的文化情境，对人们的思想潜移默化。参观过故宫的人，一定会对故宫建筑所传达的文化信息以及这种信息对人的影响印象深刻。

企业建筑代表着企业的形象和实力，更是企业文化的物质载体。在注重客户需求的新经济环境之下，消费者正在逐渐取代企业而成为市场的主导动力。为了赢得更多客户,企业越来越重视树立其良好的形象,工业建筑本身包括合理的功能、优美的环境、新颖的造型、精致的材料都能成为树立企业形象的代表。

前文已论述,企业文化包括物质层、行为层和精神层三个层次。其中物质层是指包括建筑形式及环境在内的外显因素,即显性表层,它是企业文化的物态化存在。工业建筑形象和企业名称、标志、装饰、产品等一样是企业外部形象的载体,体现着企业文化。

用建筑风格表达企业理念。企业外部建筑环境是企业文化和形象的视觉再现,是一种公开化、有特色的群体设计,企业面貌形象表达企业的理念。在设计上借助企业周围的环境,突出和强调企业识别标志,能体现企业形象统一的标准化、正规化和企业形象的一致性。建筑风格具体包括:建筑造型、内部导视系统、路标指示牌、广告牌等,反映到工业建筑形象上,主要是建筑色彩的整体性和建筑风格的统一性与企业理念的一致性。

工业建筑形象色调的确定,经常来源于企业的标准色或该企业所从事的专业领域,将企业的标志抽象地转移到工业建筑形象设计能更好地突出企业文化的整体性,从而使企业形象更加清晰明确。如法拉利装配车间,建筑上大面积使用了法拉利跑车的代表颜色红色,充分体现了工业建筑色彩与企业生产产品具有较高的统一性。

三精制药厂厂区主要采用蓝白为主要色调,以强调三精药业追求洁净的特点,并与产品所用的蓝色玻璃瓶颜色一致。厂区建筑在立面采用三精的标志,同样使厂区空间布局形式达到高度的协调。与企业品牌形象的标准色相统一,反复使用相同色彩,可以起到加深印象,起到很好的宣传企业品牌形象的作用。

工业建筑形象与产品风格的统一可以强化品牌的符号功能。企业

通过策划、营销、宣传等商业运作,使企业品牌形象深入大众,公司的产品、品牌及相关属性如商标、商品的色彩、造型及名称等等也就具有了一种符号的功能,直接指向公司的形象。在工业建筑形象设计中,通过对这些符号的重新运用与组合,可以较好地体现企业形象。而在工业建筑部分构件中采用企业的标识,则可以较好地彰显企业的品牌和文化。

建筑形式传达企业的风格。建筑设计中的传播内容就是建筑所承载的所有信息。工业建筑作为企业的物质载体,见证了企业从研发到生产,从生产到管理、销售的全过程,通过其外观传达企业的文化。有意识地、创意化地把企业理念和其他要素植入企业建筑和空间,将更加高效地传播企业文化与品牌文化,影响员工与消费者认知,促进企业发展。

建筑形式和空间布局展示和传播企业品牌。消费者在展示和销售空间中可以直接与企业产品接触,了解企业文化,形成强烈的产品认知,从而喜欢该品牌。现在流行的各种品牌旗舰店就是采用这种方式达到宣传企业产品的目的。其次,建筑中的展示和销售中心作为活化与显露的场所,能够促成利益相关者与企业之间的关系,并持续加强其关系的互动。通过设置参与场地,产生了超越言语的交流,并制造出个人的空间体验和对企业品牌强烈的互动氛围。汤姆·彼德斯在《解放型管理》

一书中提出,企业对空间的管理虽然是最不为人所注意的,但却是最有效的管理方式,因为建筑会导致文化上的变化,从而推动革新。从这个意义上说,对空间的管理其实就是对企业文化的管理。

空间布局不同程度地体现和展示企业价值观。空间布局体现着企业内部的等级差别和交流方式,办公空间的大小、装饰、位置代表着不同的级别,公共空间很少,装饰中规中矩,走廊寂静无声,这是典型的保守的文化。而开放的、具有创业精神的企业则是另外一种景象,通过精心设计的公共空间,可以促进员工的交流。美国互联网企业脸书的 CEO 扎克伯格甚至没有独立的办公空间,在开放的办公环境中,他的办公桌与其他员工一样,他所有的活动,也将在这个大开间里被员工看到。这种影响往往通过视觉感官效应而造成的心理作用,进而使人们的情感受到影响。厂房的设计中,特殊的设备要求特殊的空间,因而造成了特殊的外部形象。在办公空间设计中最重要的是色彩的应用。要能够将企业文化的内涵融入其中,将企业理念和品牌要素凸显出来。企业通过空间管理为员工创造一个舒适的工作环境,更好地深植企业文化。

【案例】谷歌公司的企业文化与建筑形象

到过谷歌的人,都会对它不拘一格的"自由式"办公区留下很深印象。

谷歌公司的快速发展得益于其独具一格的企业文化。谷歌有十大价值观,核心理念可以概括为三个方面:以人为本、创新和团队合作。

(一)以人为本。谷歌知道强大的运算能力是技术关键,但是他们更清楚,寿命有限的硬件可随时淘汰替换;人才才是他们最大的资产。谷歌就像所有硅谷创业传奇,一切由人开始,而且对于人才极尽服务、甚至宠爱。他们为企业员工创造了一个舒适且人性化的工作场所,从员工自身的角度考虑,为员工提供了各种便利条件。比如为了让新妈妈或新爸爸省下做饭的时间来陪小宝宝,在婴儿出生后一个月,公司会给新爸爸妈妈们报销一定额度的外卖费。为了让员工集中精力工作和生活,公司花钱聘了很多跑腿的,专门帮员工办私事:如送车去维修站、换牌照、充当临时保姆等。

(二)创新。"谷歌不是家传统的公司",谷歌创始人拉里·佩奇指出,"我们也不打算变成那样!"佩奇与他的创业伙伴布林就是要独树一格,让企业和学者丢开管理教科书,重新思考属于网络时代的经营哲学。谷歌的员工们享有 20% 的工作时间来养自己感兴趣的"宠物计划",也就是工程师每周有一天,可以为自己最狂野的梦想付出。不少谷歌受欢迎的产品,像 G-mail、Google News 等,都是由宠物计划中诞生的创新。其实谷歌起步时的大部分技术并不是什么全新的概念,它只是将现成的技术加以改进。当初他们试图向几家老牌的搜索服务商推销其改良后的搜索技术时,甚至连一个买主都找不到。其中一家搜索网站的老总甚至还说:"只要我们的搜索引擎能够找到别人找得到的百分之八十,我就满意了。"现在这家公司已经倒闭,根本的原因是它不思进取。而谷歌的做法完全相反,他们鼓励员工创新,给员工创造一切尽可能的机会创新,因为他们知道在这个创新的年代,不创新就意味着落后,不创新就是自取灭亡。

(三)团队合作。谷歌内部有一个规定,任何项目都必须在团队环境中完成,即使是很小的项目也不例外。工作团队一般都由三四个人组成。为了促进队员的交流,他们会被安排在同一间办公室里工作,就连 CEO 也不例外。前首席执行官埃里克·施密特很长时间都跟手下的技术工程师分享一间办公室。在谷歌工程师办公空间中,没有隔间屏风,取而代之的是一个个白壁红顶、看似现代蒙古包的帐篷。这种帐篷式办公室可以随拆随搭,正符合谷歌一直都以 2~3 位工程师随项目编组的小团队模式。

谷歌的企业文化在建筑和办公空间得到了淋漓尽致的体现,从另一方面而言,谷歌通过其独特的建筑和空间设计,不断强化其核心价值观。

谷歌公司的总部位于加利福尼亚山景城。几座建筑物间的大草坪上,撑着象征谷歌代表色的洋伞,中午时间,这些五彩伞下都是出来吃午餐的谷歌人,不知道的人还以为走进了游园会。谷歌总部园区的规划和主要建筑的风格都显得比较随意,富有个性。这与其追求自由、创新的企业文化是分不开的。几年前,这里还是绘图芯片大厂视算科技(Silicon Graphics ,SGI)的总部,谷歌进驻后全面接收,但是融入了自己的企业理念和建筑理念。

谷歌办公室的要义是让办公场所充满生活情趣,让员工每天都工作在舒适、开心的环境和氛围里。因而谷歌摒弃了一般企业所具有的繁文缛节,处处体现以人为本的管理理念。他们的办公室里有沙发、躺椅,甚至还有狗的坐垫等,因为谷歌人经常会把宠物带到办公室。谷歌提倡工作和生活的结合,园区里设置了一个体育馆,里面包含了各种健身器械:像台球、乒乓球、篮球、跑步机……同时室外也设置了篮球场、沙滩排球场和游泳池,员工们随时都可以去锻炼,劳逸结合。谷歌还设有钢琴室,任何人、任何时间都可以演出自己的另一面。工作累了,既可以玩玩游戏,也可以弹弹钢琴,甚至还可去专门的按摩室做按摩。另外,谷歌园区还设有发廊、洗车行、干洗店、咖啡馆,充分体现了谷歌公司的人性化。其次,谷歌园区大力提倡生态环保。办公室内所有的木质地板、门板刷上的油漆,都是环保无毒,即使是方便员工随时分组工作的帐篷式办公室,也同样是用无毒环保材质制成的。园区内栽种了大面积的树木、绿地和花草,与周围环境非常和谐,整个园区的环境设计将生态的理念体现得淋漓尽致。

通过企业故事与英雄强化企业文化

企业的发展历史总是充满着跌宕起伏的故事,每个故事都记录着一段岁月,也包含着特定的文化内涵,这些故事的传播对企业文化的深植起着重要作用。可以说,故事是企业文化必不可少的、重要的文化元素,是对企业文化理念的形象诠释和传播。对那些耳熟能详的企业,我们几乎都能讲出一些或清晰或模糊、或完整或片段的故事。提到海尔,许多人会想到"砸电冰箱"的故事;提到华为,许多人会想到任正非创业初期被骗的故事。正是这些也许早已退隐到记忆深处的故事,让我们对企业有了或多或少的了解,形成对企业文化的初步认识。每个企业都有自己丰富多彩的故事,提炼好、传播好这些故事,可以更好地传播企业文化、感染员工、认同企业文化。

企业故事是企业文化迅速传播、持续认同的有效形式。它可以提高企业文化的凝聚力和外发力,实现企业文化的传承和发扬。威廉·大内在《Z理论》中说：“在某个特定的故事中体现出来的价值观比抽象的教条更真实可信，更容易被人铭刻在心。这些故事构成了‘集体的记忆’，可能取材于真实或部分真实的事件，他们成为组织文化的重要组成部分。”

一个好的故事不但能够深深吸引着听故事的人，其本身蕴含着的企业的思想与智慧，折射出企业的理念。提到“砸电冰箱”的故事，我们会想到海尔的质量文化。而提到了松下故事“水库理论”，我们会想到松下的经营理念。这样的故事不仅给每个人带来心灵触动与精神震撼，能起到用故事传承文化的重要作用。企业的故事涉及企业的价值观、人才观、经营思路、竞争策略等方方面面。

从企业故事中，我们将看到企业文化无处不在的影子，它贯穿在企业经营活动和企业管理的整个过程中，与企业的发展紧密相联。一方面，企业文化对企业内部凝聚力、企业生产效率和企业的发展产生影响；另一方面，这种影响渗透在企业的管理体制、激励机制、经营策略之中，并协同发生作用。

来自于企业日常工作当中的一个个故事并非杜撰出来，而是经过了长期的积累、挖掘出来，逐渐提升并形成了企业自成体系的理念，进而经过不断地传承与发展最终升华成为企业文化。同时，当企业文化经过故事传播之后，深入员工的心中，并由此产生出更多的故事，企业文化也在不断地传承和提升，更适应企业的不断变革与发展。

没有历史的企业也不会有真正的企业文化，很难有真正触动人心的故事；只有理念和口号而没有丰富的故事作为依托和根基，这样的文化是空洞而没有说服力的。

要有意识地搜集、提炼和传播企业故事，让故事反映企业文化的理念。惠普公司在50岁生日时，特别聘请文化专家路易斯为其创建公司历史文献。路易斯采访了大量员工,包括一线员工高层主管,搜集到了一百多个口耳相传的惠普故事。其中最为员工所熟悉的,就是比尔·休利特(BIL HEWLLET)与门的故事。惠普公司的创办人之一比尔·休利特,发现通往储藏室的门被锁上了,休利特身上并没有钥匙,所以他就用小螺丝刀将门锁撬开,然后在门上留下了一张便条,上面写着"此门永远不再上锁"。这个故事告诉所有的惠普人,惠普是重视互信的企业。

那么如何搜集和整理出企业故事呢?从企业发展的过程分析,不外乎三种常用的故事类型,可以传达个人与企业组织成功的价值观。第一类故事是"我们是谁",企业如何开始。这一类故事往往以创业者传说和故事为主。主要讲企业创业初期遇到的各种各样不可预见的困难,或者峰回路转的机会,描述创业的艰难困苦,体现创业精神。这类故事以创业为主题,以创业的历程为故事线索,颂扬创业精神,展现企业初心,描述企业文化的源头。也可以描述后加入员工如何融入企业文化,从"我"变成"我们"。

第二种故事是"我们从哪里来"。企业如何发展,如何在变动中创建共同的理念,形成共同的感情,将全体员工或者是听众的心凝聚在一起。可以有经营、管理、变革等不同类型。

经营类的故事。这一类故事更多讲述企业经营过程中的风风雨雨,如何面对市场,如何开展竞争,采取了哪些策略获得了发展机会;新产品如何开发成功,研发人员如何攻关不畏难;如何赢得消费者信赖,营销人员制定策略闯荡市场。这些故事通过描述企业员工的智慧和胆识,反映企业与市场、与社会的关系,展示企业文化的形成与发展。

管理类的故事。主要讲述企业在具体管理过程中,面对各项管理制度与人际关系矛盾的时候,如何处理矛盾,解决管理中的难题,不断提高管理水平。管理无小事,一件件小事的处理,往往能折射出企业的价值观、管理理念和经营理念。

变革类的故事。主要讲述企业面对新形势、新环境和企业内部各种矛盾和问题的时候,如何顺应时代的发展,克服来自企业内部的各种压力,通过有效谋划克服困难与时俱进。面对各种各样习惯势力和既得利益者的阻挠,企业如何赢得变革的成功,推动企业向前发展。这类故事意在展示企业领导者的改革精神,表达企业文化变革理念。

第三种故事是"我们要往哪里去",也就是描述、解释企业在未来要做些什么,以及企业要怎么样走向未来。这类故事形象地展示企业的愿景、使命和发展战略,让员工清楚企业的未来,在一个较长的时间维度上把员工个人的发展与企业的发展融为一体。

搜集公司管理案例和文化故事是企业文化部门义不容辞的职责。提炼企业故事一个重要标准是,故事的情节、人物必须契合公司的核心价值观,能够反映出公司员工所肩负的使命,能够清晰地描述出公司的愿景。也只有这样的生动、翔实的企业故事才能承载传播企业文化的重任,使看似虚无的企业文化最终能够实现落地。

企业故事不在乎多么惊心动魄,重要的是感动人。有很多的小事都可以演绎成感动人心的故事,关键在于提炼与创造。把公司创业的坚持、员工服务客户的热情和爱心、贡献社会的聪明才智和创造力清晰地表达出来,这样的故事才能感动人,这样的企业文化才能真正为企业员工从心底里所接受。

故事常常是与人物联系在一起的。企业中能模范践行企业价值观并作出一定成绩和贡献的人,我们称之为企业英雄或员工榜样。企业创始人往往是企业天生的英雄。企业英雄人物把公司的价值观人格化,并为职工提供了可以学习效法的有血有肉的角色样板,通过英雄人物向每个职工表明,这就是你在这儿要成功所必须学习的榜样和楷模。

发挥榜样的作用是建设和管理企业文化的一种重要而有效的方法。把那些最能体现价值观念的个人和集体树为典型,大张旗鼓地进行宣传、表彰,并根据客观形势的发展不断调整激励方法,对优秀企业文化的形成、发展和管理有着十分重要的作用。

　　企业所倡导的价值观不能仅仅是文字口号,需要验证,需要有人去实践,需要在员工中有活生生的人物来体现,这种人物就是企业所树立的"英雄人物"。"英雄人物"是企业价值观、企业精神的人格化。企业中的英雄是员工的榜样,他们的一言一行都体现了企业的价值观念。企业传奇般的创办人、劳动模范、优秀员工,都是企业英雄。如果没有英雄,企业价值观就会因缺乏说服力而显得虚无缥缈。

　　企业英雄展示并引领企业文化的执行。如果口号是口号,实际做法是另外一套,也就是讲的和做的是两张皮,这样的企业文化不仅是虚的,甚至会发生负面影响。而企业在员工中找到按照企业所提倡的价值观去行动的人,并把它们的具体实际加以宣传,这就构成了企业价值观的具体人格化。也就是说,企业里的确有这样的人按照企业所提倡的在行动,并且他们的行动已经证明了大家对企业理念是认可的,按照这种价值观是能够取得成功的,他们的行动就发生在我们的周围,企业的价值观不是虚无缥缈的,而是实实在在的具体的事例,企业的价值观得到了具体验证。如果一个企业能够不断地对这样的人进行宣传、表扬、奖励、提拔、重用等,那么,就会对员工产生很大的影响力。

　　企业英雄不是超凡脱俗的人,他们就是我们之中的一员,英雄能做到的,每一个员工也都能做到,至少能学到他的那种精神;他是企业的象征,他能够使消费者相信公司的每一个员工都是这样的。他激励着员工奋发向上,也促进着企业绩效的提高,他的目标与企业的目标高度重合,个人的成功与企业的成功紧密相连。阿里巴巴的英雄人物,除了马云,还有一系列"马云背后的神秘人物",像知名度较高的蔡崇信、彭蕾等,知名度不高的谢世煌等,但他们在阿里内部都是员工尊敬和学习的榜样。

企业英雄人物的示范效应有两种类型:一是原发型示范效应。即示范原型在没有通过宣传的情况下发生的一定影响。通常说的"其身正、不令而行"即是这种类型。二是通过有组织的树立典型,促进示范效应,即示范原型的言行得到他人和社会的承认和肯定,并通过一定的形式(规定、舆论、宣传媒介等)被确立为单位、部门甚至更大范围的效仿榜样,以此来影响他人和社会。从事物发展的性质看,这两种类型是一致的,都是示范原型在发挥作用。

企业发现了这样的英雄人物,要将他的行为和实际行动表现,及其所创造的成果与企业的价值观联系起来,作为人们学习的典范加以表彰、宣传,将会极大促进企业文化建设。"人同此心,心同此理",榜样的力量是无穷的。企业文化在这个过程中得以落地,良好的氛围在这个过程中得以营造。

第四章
企业文化管理与品牌塑造

　　企业文化要深植于企业的业务,要紧紧围绕战略目标来进行。作为企业发展的重要内容,品牌与企业文化有着广泛而又深入的联系。强有力的企业文化会对品牌文化形成良好的促进作用,相反,弱不禁风的企业文化,甚至被人唾弃的企业文化也会对品牌文化造成难以估量的损失。如阿里巴巴,其文化建设已经成为一张企业名片,对其企业品牌形象有巨大的正面影响力。而某些企业被爆出的大规模员工投诉,或者企业主要管理人员的违法事件,对企业品牌本身也有很大影响。另一方面,良好的品牌文化也是企业文化向心力的重要组成部分。一个企业有广受尊敬和爱戴的品牌文化,对企业文化打造具有积极正面的作用。员工的荣誉感和使命感,很大程度上也和企业强势品牌的打造有关。

　　同时,企业文化和品牌文化在建设与管理方面又有很多区别,了解这些区别,将极大提高我们的工作效率。

4.1 品牌与品牌文化

　　什么是品牌? 你可能会想到早上刷牙的佳洁士、欧莱雅的洗面奶、开的奥迪车……我们生活中到处都是品牌,似乎我们能够叫上名字的产品都是品牌。那么,我们叫出名字的任何产品都是品牌么?

关于品牌的论述很多,但真正能揭示品牌内涵、让人明白的并不多。品牌是产品的名称?是知名度、认知度?同样的产品功能,消费者为什么要付出更高的代价购买这个品牌而不是那个品牌?

我们知道品牌的出现一开始是为了区别于其他竞争对手产品的名称、记号、象征或者设计组合。它是构成品牌最基本的一种形式。就像苹果手机的标志是咬了一口的"苹果",小米手机的标志是字母的组合。这种标识让人一目了然,容易区别。这是品牌最直接的一种表现形式。我们可以发现生活中各色各样的品牌都一个自己 LOGO,自己的标志,自己的广告语,自己的统一外部形象。仅仅拥有这些还不够,一个新上市的产品,公司都会给这个新产品赋予特定的名称和符号,但是这个时候还不能够说这个是品牌,只能说这个是产品。那产品和品牌区别是什么呢?

可口可乐的故事揭示出从产品成长为品牌的过程。

可口可乐已经问世 100 多年,味道、标志和瓶子的形状始终如一,不断给世界上的人们带来"片刻的清爽与小憩"。可口可乐被人们爱称为"可乐",它恐怕是世界上首屈一指的以品牌的力量而自豪的企业。

1983 年 4 月 23 日,可口可乐公司为了应对竞争,通过广泛的调研论证,宣布将要改变人们熟悉了长达 99 年之久的味道。这是在花费巨额成本对消费者的爱好进行调查后做出的决定。然而没想到的是,新品发布后,一天之内就接到了 8000 个电话,4 万封信铺天盖地而来,全都是对改变味道提出的抗议,全美国的男女老少公开表达了他们的愤怒。

1983 年 7 月 10 日,公布新可乐尚不满 3 个月,公司又恢复了可乐原来的味道——"古典可口可乐"。

这一天狂热的可乐爱好者们欣喜的电话蜂拥而至。这个充满戏剧性的过程不仅给可口可乐公司,而且给从事市场活动的所有人留下了深刻印象。

消费者为什么对新口味不买账？对比另一个故事会对我们有更多启发。

时间行进到公元 2013 年,中国湖南的 17 岁高中生小王在网上找到黑中介,以 2.2 万元的价格卖掉了自己的一个肾,目的只是为买"苹果"手机和 iPhone2。直到少年的身体变差被家人发现后报警,事件被媒体广泛报道。少年卖肾买"苹果",显然不是仅仅为了满足通讯需要。

这两个故事显然揭示了这样一个事实——顾客会对某一件商品怀有一种甚至是被认为异常的爱恋。这种"爱恋"与产品相联系又在产品之外。"产品之外的什么东西"在企业与顾客之间建立起一条"无形的纽带",并且得到了顾客深切而狂热的爱恋。这样的顾客显然是忠诚的消费者,甚至可以称之为"信徒"。

换句话说,在这条纽带形成之前,顾客对企业而言仅仅是消费者。顾客未与"产品之外的什么东西"结合起来之前,很容易把目光转移到其他公司的产品上,当顾客感受到"产品之外的什么东西",才成为忠诚的消费者,这时的产品才是品牌。我们可以说,品牌是产品之外的东西。

综合上述分析,我们可以粗线条勾勒品牌的因素:

品牌能够给消费者带来一种超越使用功能的消费认知

产品是具体的,品牌是抽象的、精神上的。比如奔驰带来的属性是:昂贵、优良制造、工艺精良、高声誉。沃尔沃象征着安全,稳定。这种属性是产品内在最核心的竞争力,也是品牌在思想上带给消费者的一种认知。当消费者想买安全的车时,第一个想到的是沃尔沃车,那么无疑沃尔沃就是一个品牌。而一般的产品也许具备这种属性,甚至是优秀的,但是没有形成这样的认知情感。

品牌是一种利益价值的实现

消费者购买的是实实在在的产品带来的价值,包括功能利益和情感利益。而不是仅仅停留在认知情感上,购买沃尔沃代表着消费者注重安全,喝农夫山泉代表着消费者注重品质生活。普通的产品不具有这样的功能利益和情感利益。

品牌代表着一种文化

法国香水表达的是一种浪漫,奔驰、奥迪代表着德国的严谨,可口可乐象征着美国的自由。在我们购买品牌时,无形中就是对相应品牌文化的一种认可,有文化内涵的产品才能称得上为品牌。

品牌是一种个性

品牌表现出特有的人格特征。劳力士手表代表者尊贵典雅,是一种身份的象征,这种特质本身就是人格的特征。当企业的产品被赋予了人格的个性时,具有相似个性的消费者必将成为产品的拥护者,相反,愿意购买某种个性的产品时,消费者必定是希望成为那样个性的人。仔细分析会发现,购买奔驰与购买宝马的消费者,实际上是两种个性的人。

什么是品牌?品牌就是涵盖上面所有特征的载体。品牌是消费者对产品属性的感知、感情的总和,包括品牌名称的内涵和与品牌相关的公司或组织的联想。

品牌在我们生活当中无处不在,任何一个称得上品牌的产品,必定是经过大浪淘沙似的社会选择,能够给消费者带来功能上使用价值的同时,带来更多其他附属价值:文化和情感在里面。

品牌具有的特征

(一) 品牌是专有的

品牌是用以识别生产或销售者的产品或服务的。品牌拥有者经过法律程序的认定,享有品牌的专有权,有权要求其他企业或个人不能仿冒、伪造。这一点也是指品牌的排他性,然而我们国家的企业在国际竞争中没有很好地利用法律武器,没有发挥品牌的专有权,近年来我们不断看到国内的金字招牌在国际市场上遭遇的尴尬局面:100多个中国品牌被日本抢注,180多个中国品牌在澳大利亚被抢注,如此等等,人们应该及时反省,充分利用品牌的专有权。

(二)品牌是企业的无形资产

品牌影响消费者的购买决策,品牌拥有者可以凭借品牌的优势不断获取利益,可以利用品牌的市场开拓力、形象扩张力、资本内蓄力不断发展。这种价值我们并不能像物质资产那样用实物的形式表述,但它能使企业的无形资产迅速增大,并且可以作为商品在市场上进行交易。1994年世界品牌排名第一的是美国的可口可乐,其品牌价值为359.5亿美元,相当于其销售额的4倍。到2017年可口可乐的品牌价值上升到品牌价值为760亿美元。中国的品牌创造虽起步较晚,但国内的名牌发展迅速,华为、腾讯、阿里巴巴、海尔等知名品牌也价值不菲。

(三)品牌转化具有一定的风险及不确定性

品牌创立后,在其成长的过程中,由于市场的不断变化,需求的不断提高,企业的品牌资本可能壮大,也可能缩小,甚至某一品牌在竞争中退出市场。品牌的成长由此存在一定风险,对其评估也存在难度。对于品牌的风险,有时由于企业的产品质量出现意外,有时由于服务不过关,有时由于品牌资本盲目扩张,运作不佳,这些都给企业品牌的维护带来难度,对企业品牌效益的评估也出现不确定性。

(四)品牌的表象性

品牌是企业的无形资产,不具有独立的实体,不占有空间,但它最原始的目的就是让人们通过一个比较容易记忆的形式来记住某一产品或企业,因此,品牌必须有物质载体,需要通过一系列的物质载体来表现自己,使品牌形式化。品牌的直接载体主要是文字、图案和符号,间接载体主要有产品质量、产品服务、知名度、美誉度、市场占有率等。没有物质载体,品牌就无法表现出来,更不可能达到品牌的整体传播效果。优秀的品牌在载体方面表现较为突出,如"可口可乐"的文字,使人们联想到其饮料的饮后效果,其红色图案及相应包装能起到独特的效果。

品牌为什么存在

从相关机构每年所发布的世界品牌价值榜,到消费者对品牌的狂热,"品牌"这个词已经带给了中国企业太多的向往,同时也带来了太多的感伤。中国制造、中国产品已经在世界范围内形成了影响,但真正成为品牌的还很少。2017 年,世界品牌实验室发布的品牌排行榜,中国上榜品牌只有华为和联想。

品牌为什么会存在? 公司为什么要创建品牌? 让我们基于一个历史和逻辑的角度来理解这个问题。

从历史上看,品牌一词原本是来自古代斯堪的纳维亚语"Brandr(烙印)"。其原始意义就是烙印,用火烫在某个东西上的印记。当时西方游牧部落在马背上打上烙印,用以区分不同部落之间的财产,并附有各部落的标记,这就是最初的品牌标志和口号。因此,我们可以认为品牌最初的含义在于区别产品。最早是一个烙印,后来演变为一个标记,首先是起到识别作用,确认所有权,是所有权的标记,其次是通过特定的口号在别人心中留下印象。

而从品牌营销的实践来看,品牌的出现可追溯到 19 世纪早期,酿酒商为了突出自己的产品,在盛威士忌的木桶上打出区别性的标志,品牌概念的雏形由此而形成。可见品牌是为了帮助消费者识别不同的产品特征而出现的。

那么一个公司为什么会需要品牌？一个产品又为什么需要品牌呢？按照品牌的历史来看，公司、产品之所以需要品牌，是因为要帮助消费者识别出自己不同的特征，是要"以示差异"。

表面上看，我们似乎已经触摸到了品牌存在的原因。但是我们还可以再追问，为什么要以示区别？为什么要帮助消费者识别？让我们从市场的角度再来理解品牌。

我们假设在一个市场中所有产品与产品之间，如果从消费者看来都没有任何区别，它会出现什么状况？我们可以假设一个二手自行车交易市场。从好车到差车均匀分布，只有卖方知道自己车的质量，而买方只能根据市场上的平均质量出价。

换句话讲，这个市场存在典型的信息不对称，产品的特点也不会告诉买者。每一台车子的性能买者都不会在购买前得知，你不会知道这个车市里面的车子的质量分布情况。我们假设在这个车市中车子的质量分布情况会从 0 到 1。好的时候，这个车子可能是一台刚刚出厂的新车，而坏的时候买到的可能是一辆骑上去就坏的破车，然而这一切买者在买前都是不知道的。

而卖者不一样。假设卖车的人偷偷地在各个车子上都做了一个编号。所有好车和坏车之间的区别被全部遮蔽。如果存在这种信息不对称的情况，你作为买方会怎么办？

现在假设你来买车，肯定受到两个要素来约束。第一，你作为买者所喊出的报价，卖车者是愿意卖给你的，也就是说你报的这个价格是比较公允的，你不能老把价格报得太低，如果报得太低卖车者不会让车辆出手。第二个，你的报价不会太高，你不会让自己太多吃亏。如果你只要能买到，多少钱都给卖主，卖主毫无疑问会采纳最高报价。

我们现在来做模拟,如果说你现在的报价是按照一定的质量区间来报的,比如0—1区间,在不明白每个车子的具体的质量区间之前,你会报什么价?

这种正常的出价的行为我们把它叫做"中间价估价"或者叫做"平均成本出价。"在面临着信息不明朗的时候,消费者为了规避风险,往往会采取这种保守的估价方式,往往会报价到0.5,正好在0到1之间的平均值。

然而等你按照"中间价估价"或者"平均成本出价"——报价为0.5的时候,卖家很自然地把品质高于0.5的车子悄悄地收起来,退出市场,不会卖给你,因为这样他就赚不到钱。第一个买家过来报价0.5他不卖给你,第二个买家过来再报0.5他再不卖你,再第三个买家过来报0.5他还是不卖你。慢慢地,品质高于0.5的车子都会在整个市场中退出。

而在这个时候,整个车市的平均品质将会整体性降低,整体降低到0.5以下。而当整体二手车的品质在0—0.5间分布的时候,消费者、买者将会怎么出价?

同样是平均成本出价,出价为0.25。而在这个过程中,同样的,凡是品质高于0.25的车子也会被卖家悄悄地收起来,最后退出市场。市场上,只有那些烂得不能再烂的车子它会坚守阵地。直到烂货充斥着市场,整个市场面临彻底瓦解。

这个道理就像金融学里的一个词,叫做"劣币驱逐良币"。以前都是贵金属货币,金子就是金子做的,银子就是银子做的,它的金属的价格是要和它的货币的面值是等额的。但是从交易方看,只看面值而不可能深入去丈量你每个金币的重量。然而在市场上每个人都是有小心眼、都有小心思的。每个人都想点心思把金币上的贵重金属刨点下来,而当每个人都在刨一点下来的时候,群体力量构成了贵重金属大幅度流失,最终造成了这样一个结果,即市场上的贵金属货币和它的面值并不相等,甚至差别很大。就这样,慢慢的那些市场上刚刚流通的足金足量的贵金属货币被大家收藏起来,而在市场上盛行的往往是那些痕迹斑斑的烂货币。

劣货驱逐良货。我们常常讲市场经济优胜劣汰,然而这种劣货驱逐良货的情形却让市场上的优秀企业黯然止步。

如果这种状况我们不愿意看到,我们就必须先来找到造成现象的本质原因是什么。本质上讲,是因为买方和卖方对双方交易产品所掌握的信息不对等,使得买方在很大程度上不能够区别开来。

当信息不对称的时候,市场按照"平均成本"来定价,而这类市场下的平均成本定价最终会演进到市场整体瓦解。因此,为了能够解决这个问题,不让产品跌入平均成本定价这个陷阱,企业必须要明确地告诉消费者我们的产品和其他产品不一样、有独特性,换句话讲,企业必须发射市场信号以出示自己的差异性。品牌就是最典型的信号之一。

表面上看,品牌存在的本质是出示企业或者产品的差异性,而这个所谓"显示差异"的背后,从根本上讲是要处理信息不对称下市场瓦解的困境。这是品牌之所以存在的原因背后的原因,是本质背后的本质。

在这个意义上挖掘出品牌存在的意义后,我们会问,品牌对所有的公司来讲,是不是都是必要的?

什么情况下一个公司可以不需要品牌?

第一类是市场上具有垄断性质的公司或产品。像中国计划经济时代的所有产品和企业,目前中国市场上的资源类的产品,比如煤炭、石油等。它的定价权不在买与卖的博弈中产生,它因为垄断而自身具有定价权,说多少钱就多少钱,不会按照平均成本定价。这种资源类产品进入流通领域后,会产生服务的差别,依然需要品牌。

第二种不需要品牌的,是产品品质大大低于平均定价的企业。比如路边地摊上的山寨产品,它巴不得这个市场混乱,越混乱他越好浑水摸鱼。

第三种是品牌得到的溢价远远小于品牌推广的成本。这也是目前很多中国制造厂商专心做 OEM 的原因,因为对他来讲,做品牌,发射这个市场信号的代价实在太大了。

信息越不对称的产品越需要品牌。

品牌的溢价性也与信息不对称程度密切相关。一般而言,品牌具有三种重要角色,即吸引顾客的"磁铁效应"、提醒顾客有关企业的产品与服务的"提示效应"和在顾客与企业之间构建起感情纽带的"联系效应"。不过,品牌资产的作用主要取决于顾客参与的程度、顾客在购买前进行质量评价的难易程度。

在下列情况下,品牌对于企业和消费者的作用尤为突出:

第一,顾客参与程度不高的产品

许多日常生活中的消费品,购买决策常常已经习惯,购买时不会过多的思考和论证,品牌的角色和顾客的感情联系就显得至关重要。这类商品本身很普通,它自己不会在消费者脑海中变得与众不同。品类中出现强势品牌后,曾经普通的商品就变得高度差异化了,比如茶(狮峰龙井)、啤酒(青岛)、水(农夫山泉)等,消费者大多按品牌喜好购买。比较而言,当产品和服务购买决策需要较大程度的顾客参与时,品牌资产的作用一般小于价值资产。例如,在工业品市场上,企业就是否应该采购某品牌的高级机械设备时,价值资产的重要性可能会大于品牌资产。

第二,顾客对产品的使用具有象征意义

消费者购买产品不仅仅需要功能利益,很多情况下是一种情感需要。开一辆奔驰与开一辆桑塔纳感觉不一样,穿一件普通 T 恤与穿耐克

T恤的感觉不一样。这就是品牌的象征意义。品牌能让消费者投射自我形象。当品牌与某种特点类型的人联系在一起时,便能反映不同的价值观或特质。消费这种产品是消费者与他人,甚至与他自己交流信息的手段——他们是什么类型的人,或他们想成为哪种类型的人。

第三,使用前很难评价质量、信用的产品

例如,律师事务所、投资银行、广告代理公司等,在购买消费它们的产品和服务时,顾客一般很难对其质量进行评价,这个时候品牌的效应就尤为重要,它是帮助顾客做出选择决策的重要因素。

品牌为什么存在? 对于消费者而言,品牌可以大大降低搜寻和使用的成本;对于生产者而言,品牌可以大大降低传播成本。可以说,品牌的本质就是降低成本。

为什么要创建品牌

美国学者蒂姆·卡尔金斯做过一个实验,说明品牌对人们心理期望的影响有多大。他首先询问一组 MBA 学生,问他们如果购买一副优质的、带有两个 0.3 克拉钻石的 18K 金耳环,会付多少钱。接着告诉第二组学生,如果购买一副与第一组一模一样的金耳环他们愿意付多少钱。这次他强调了这副金耳环是蒂凡尼品牌的。他问了第三组学生同样的问题,只不过这次将这副金耳环品牌改成了沃尔玛品牌。

结果没有告知这副金耳环任何品牌信息的第一组学生,他们愿意购买这副金耳环的平均出价是 550 美元。告知这副金耳环是蒂凡尼品牌的第二组学生,愿意购买这副金耳环的平均出价增加到 873 美元,其价格暴涨了 60%,而暴涨的原因仅仅是由于增加了蒂凡尼这一品牌信息。而告知这副金耳环是沃尔玛的品牌的第三组学生,他们愿意购买这副金耳环的价格只有 81 美元。这个价格相当于没有告知品牌信息的第一组学生的出价下降了85%,相对于告知蒂凡尼品牌信息的第二组学生的出价下降了91%。

这一研究充分说明品牌对人们认知的影响。蒂凡尼品牌让人们联想的是"优质、高贵"等等,而沃尔玛给人的联想是"天天低价",戴上蒂凡尼品牌金耳环与戴上沃尔玛牌金耳环的感受肯定也是不一样的。事实上,对于非专业的普通人而言,一个人戴的是蒂凡尼金耳环还是沃尔玛金耳环,人们根本就无法辨别出来。

品牌对消费者的作用——降低选择的成本

品牌可以帮助消费者降低搜寻产品的成本,降低使用产品的风险。如果消费者知道每个品牌,并且对它有一定了解,那么他在选择产品时就不必再多做思考或分析有关信息。品牌的存在有助于消费者识别产品的来源和制造厂家,更有效地选择或购买商品。借助品牌,消费者可以得到相应的服务便利。品牌有利于消费者权益的保护,品牌实质上代表着卖者交付给买者的产品特征、利益和服务的一贯性的承诺。有助于消费者避免购买风险、降低购买成本,从而更有利于消费者选购商品。好的品牌对消费者具有很强的吸引力,有利于消费者形成品牌偏好,满足消费者精神需求。

品牌与消费者之间的关系可以视作一种合同关系,消费者对品牌的信任和忠诚暗示着他们相信这种品牌会有良好的表现。当意识到购买这种品牌的好处及利益时,并且他们在使用产品时有满足感,消费者就会继续购买下去。

此外,现在的消费者不再只注重产品的功能,而是越来越注重产品功能之外所表现出来的文化、价值、个性等特色。品牌的形成更容易去迎合消费者对个性和价值的表现,更容易彰显消费者的个性和文化需求,更容易去形成品牌的忠诚客户。

品牌对生产者的作用——降低营销的成本

品牌使生产者能够对其产品的独特性进行法律保护。品牌享有知识产权,使得品牌拥有者具有法律权利。通过商标注册可以保护品牌,通过专利可以保护生产工艺流程,版权和设计可以保护包装,这些知识产权使生产者安全地投资品牌,并从中获利。

品牌的存在有助于产品占领市场、提高销量。品牌知名度形成后,企业可利用品牌优势扩大市场。同时也有助于稳定产品价格,减少价格弹性,增强对动态市场的适应性,有助于新产品的开发,节约产品投入成本。有助于企业抵御竞争者的攻击,保持竞争优势。

产品可以模仿,标准可以突破,品牌因其个性、与消费者的情感很难复制。

总之,对于生产者而言,品牌代表了一份价值连城的资产。这种资产能够影响消费者的行为,能够进行买卖交易,能够为未来稳定的收益提供安全保障。因此,在企业兼并收购过程中,为获得理想的品牌出现过巨额交易。

品牌对消费者的作用	品牌对企业(组织)的作用
识别产品	合法保护产品独特性的工具
降低搜寻成本	赋予产品独特联想的途径
减少风险	提升营销计划的效率
产品质量的承诺	竞争优势
象征意义	财务回报

消费者心中的品牌常常与生产者所谓的品牌有很大不同。

生产者所谓的品牌常常指的产品本身,比如:质量、功能等,而消费者心中的品牌则是认知,是情感,是偶像。生产者认为更好的产品一定能赢得市场,而消费者更强调自己的感知,真正是跟着感觉走。经典的例子是上文中提到的"新可乐"的推出。可口可乐公司在推出新可乐前对 2500 名左右的消费者进行了口味测试,证明新可乐的口感要好于原有产品。但消费者并不买账。"新可乐"最终无疾而终。因此,如何在消费者心中建立产品的感知就是生产者的一项持久的课题。

消费者选择品牌是基于对这些品牌的感知,这些品牌在他们心智中的定位是否与他们的感知相匹配。农村的时尚青年更可能选择非常可乐,而城市的时尚青年只会选择可口可乐或百事可乐。十几岁时也许会带着斯沃琪手表去上学;上大学时可能会带精工,或者什么都不带;而中年后一般会选择劳力士。

生命中每个阶梯上都会有我们的偶像,因此,更换品牌就成为衡量一个人进步的标志。从某种角度上讲,对品牌的追求也是人生成长的动力之一。

品牌不仅仅是以其外在的名称、标志等识别元素。不同的品牌各自的特定内涵决定了它们在消费者心目中的地位,决定了它们在现代社会高节奏、高效率的生活情境中,能否进入消费者头脑中的待选品清单或者更进一步成为首选。消费者的购买行为并不仅仅取决于购买力或一般的心理、生理需要,而主要取决于对某个企业、某种品牌的感知、感情等综合印象。因此,有战略眼光的企业,都把塑造强势品牌作为企业的主要目标。

品牌体现企业生命力。企业存在的状态有两种:生存、生命。大部分企业的大部分时间在为生存而奋斗,稍有风雨,就是生死的考验。有调查资料显示,我国中小企业的平均市场寿命是 2.9 年,只有极少数的企业能发展为大企业。而另外一些企业却表现出顽强的生命力,迎风雨而成长,历百年而不衰,即使面对金融风暴这种巨大灾难依然能活出自己风采。

企业发展有三台发动机:经营、财务和品牌。大多数企业只启动了前两台发动机,费时费力,效率不高。如果把第三台发动机启动起来,即品牌营销,企业就可以由"好"变"优",驶上快车道,实现可持续。

从历史的角度看,产品本身是有生命周期的。只有产品,没有品牌,或者是只有贴牌,没有品牌的企业是没有生命力和延续性的。可口可乐公司 CEO 罗伯托·郭思达(Roberto Goizueta)曾说:"我们所有的工厂和设施可能明天会被全部烧光,但是你永远无法动摇公司的品牌价值;所有这些实际上来源于我们品牌的良好商誉和公司内的集体智慧。"品牌是企业生命力的体现,是一个企业存在和延续的价值支柱。因此,只有重视品牌,壮大自身发展的生命力,我国企业也才能从目前的"世界工厂"转变为世界级公司,从"做大"到"做强"中间必须跨越的是品牌。

竞争是残酷的,很多挣扎在市场底层的中小企业,无一不是在企业发展的路上遇到品牌发展的瓶颈后才恍然大悟,原来小企业也需要做品牌。其实,任何大企业都是从小企业开始的,事实证明,在发展初期,就制定了长期的品牌战略目标、有品牌意识和长远品牌经营理念的企业,会有更大、更快的成长机会。苹果公司创立之初,乔布斯就明确了企业的价值观:用产品改变世界;与产品研发的同时,乔布斯对品牌名称、品牌标志(LOGO)都做了精心设计。在企业成长的过程中,乔布斯对价值观的坚持缔造了苹果对产品、服务,以及在营销中所有的坚持。也是因为企业价值观的坚持使得苹果具备长远的规划,并且一步步朝着他的计划不断前进。改变世界是乔布斯的个人理想,崇高的社会责任感使得他拥有顽强的意志和永不磨灭的动力,这其实也是苹果的精神所在,而这些正是品牌成长的动力所在。企业浓烈的文化氛围在影响员工的同时,也影响了消费者,使得苹果在消费者眼中的诚信度大大提高,进而认知度和美誉度也随着提高。消费者选择这样的一个企业,他们愿意相信乔布斯,愿意相信苹果。所以可以说苹果的企业形象塑造得几乎是完美无瑕。品牌的价值来自于产品,来自于服务,来自于营销,更来自于品牌的价值观、定位,而价值观和定位则是品牌形象中最关键的部分。苹果抓住了最关键的,于是它在起跑线上首先就成功了。乔布斯逝去后的苹果渐露疲态,原因可能有许多,但根本原因是苹果现在的领导者对品牌价值观的动摇。

品牌代表着企业的竞争力。企业产品参与市场竞争有三个层次,第一层是价格竞争,第二层是质量与服务竞争,第三层是品牌竞争。

一件普通的 T 恤,打上耐克的"一勾",价格就会增加数倍,这就是品牌的力量。今天中国的市场竞争已经发展到了品牌的竞争。品牌意味着高附加值、高利润、高市场占有率。早在 40 年前,美国著名广告专家拉里·莱特(Larry Light)就根据他对市场发展的研究大胆地提出:未来营销之战将是品牌之战,是为获得品牌主导地位而进行的竞争。未来的企业和投资人都将把品牌视为企业最有价值的资产。拥有市场比拥有企业更重要,而拥有市场的唯一途径是拥有占据市场主导地位的品牌。由此可见,品牌及品牌战略已经成为企业构筑市场竞争力的关键。

国内各行业中,价格战愈演愈烈,降价空间越来越小,而这也导致了严重的后果。企业没有盈利,谈何发展?而消费者对价格战也并不买账,"这么便宜,怕没有好货吧。"在汽车行业,国产车对于进口车无疑有着明显的价格优势,但在品牌时代价格优势已经不是优势。2017 年我国在国内销量最高的 10 款车型中,仅有 3 款国产车型。企业的竞争,再也不该停留在价格战上,而需要拿起品牌的武器,在品牌的层面上进行竞争。对于竞争者而言,品牌是一种制约。在这个层面,有它既定的游戏规则,任何品牌都必须自觉遵守这些规则。频频的价格之争在此不应发生,因为那样无疑是对自身价值的否定。巨大的中国市场已经成为国内外企业共同争夺的主战场,企业注定要在同样的竞争环境下求得生存、实现发展。在某些领域,市场形势已经尘埃落定,强势品牌业已形成,后来者的市场机会不多。而在没有形成强势品牌的领域,竞争者将面临大好的市场机会,受到的制约相对较少,这对于以"利基市场"为目标的中小企业来说,如果选择了正确的细分市场,以自己的品牌进入,优势是显而易见的。产品可以很快被竞争对手模仿、超越,而品牌却难以逾越,所以真正持久的竞争优势往往来自于强势品牌。可以说,谁树立了品牌,谁就掌握了未来市场竞争的主动权。

品牌意味着客户群。"品牌"(brand)的原意是"烙印",它非常形象地表达出了品牌的含义——"在消费者心中留下烙印"。品牌消费者通过认知、体验、信任、感受,建立关系,品牌产品在消费者心中占得一席之地的。

美国营销专家菲利浦·科特勒认为,品牌是一种名称、术语、标记、符号或设计,或是它们的组合运用,其目的是借以辨认其他销售者的产品或服务,并使之同竞争对手的产品和服务区别开来。品牌的目标是向购买者长期表达一组特定的属性、利益和服务,而这些特定的属性、利益和服务对产品或服务的目标客户群来说,又必须是正面的,能激发购买欲望、维持品牌忠诚。

品牌能反映消费者的生活理念。现代意义的品牌,是指消费者和产品之间的全部体验。它不仅仅包括物质的体验,更包括精神的体验。品牌向消费者传递一种生活方式,人们在消费某种产品时,被赋予一种象征性的意义,最终反映了人们的生活态度及生活观念。试想面对两个分别从桑塔纳和奔驰车中走出的人,你本能做何反应? 这其实无关道德和伦理。产品是冰冷的,而品牌是有血有肉、有灵魂有情感的,它能和消费者进行互动的交流。在产品日益同质化的今天,同类产品的物理属性已相差无几,唯有品牌能给人以心理安慰与精神寄托,能够展现消费者的个性和身份。

在物质生活日益丰富的今天,国内同一类产品多达数十上百甚至上千种,消费者不可能逐一去了解,只有凭借过去的经验或别人的经验加以选择。品牌反映了无数人的经验。对于品牌和非品牌的产品,消费者更愿意选择的是有品牌的产品,这时,品牌会使人产生信任与安全感,使消费者购买商品的风险降到最低。消费者相信,如果在一棵果树上摘下的一颗果子是甜的,那么在这棵树上其余的果子也是甜的。这就是品牌的"果子效应",它能大大减少消费者购买商品的风险。

对于企业而言,最重要的不是你怎么样,而是消费者认为你怎么样,为了留住顾客的心,实现企业的持续发展,必须加强品牌建设。

品牌是一种重要的无形资产。企业开发一个品牌,建立一个品牌,推广一个品牌,需要投入一定的人、财、物并形成各项费用,这就构成了品牌的经济价值。在与其他产品比较的基础上,产生的在公众心目中的名气和声望,构成了品牌的无形价值。从品牌身上你可以看出企业或产品的文化、传统、氛围,或者精神和理念。奔驰的稳重大方,高贵舒适;宝马的驾驶乐趣等,无不建立了消费者对这些品牌所有者所提供产品和服务的信心。品牌价值的大小,取决于消费者对这种品牌特征的看法和评价。因此,品牌是企业最重要的资产之一。

品牌是全球化的需要。加入 WTO 后,进入中国市场的国际品牌越来越多。同时,国内企业走出去的也越来越多。以美国为代表的贸易保护主义的出现,给中国企业的发展造成了很大的障碍。一双鞋,加上"NIKE"的牌子,就能卖上几百元的好价钱,而自己产品出口,就只能卖上几十元,弄不好,还被指控为"倾销",要想打开国外市场,仅凭价格已经很难,创建自己的品牌是当务之急。

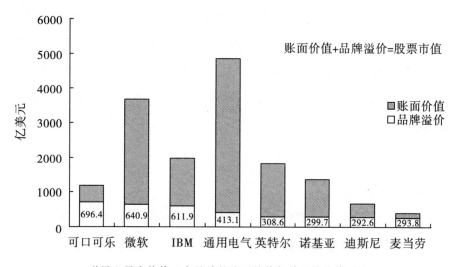

账面价值+品牌溢价=股票市值

■ 账面价值
□ 品牌溢价

世界上最有价值8大品牌的账面价值与其品牌价值对比

资料来源:《财富》中文版

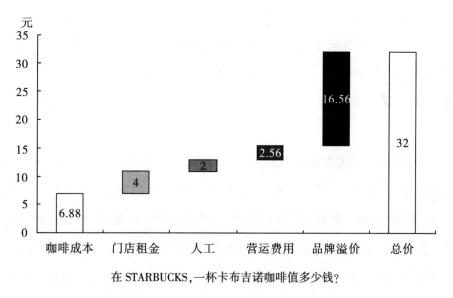

在STARBUCKS,一杯卡布吉诺咖啡值多少钱?

资料来源:星巴克特许加盟手册

在未来的市场竞争中,无品牌或弱势品牌的企业将成为强势品牌企业的贴牌加工厂,不会拥有自己的终端市场;只有拥有自己的品牌,才有竞争的基础和可能性。对于品牌产品而言,不仅会由于价格适当,会获得更多的盈利空间,也更容易打开国际市场,在国外市场建立知名度与忠实度。现在有更多的中小企业把眼光盯住了国外市场,希望能通过全球化的市场实现资源整合,快速发展。但没有品牌就没有市场,就没有话语权。品牌是企业在市场竞争中胜出的最有力的武器,也是我们走向全球的利器。

品牌的内涵是文化

品牌属于文化价值的范畴,是社会物质形态和精神形态的统一,是现代社会的消费心理和文化价值取向的结合。品牌体现着文化,品牌以文化来增加附加值。文化支撑着品牌的丰富内涵,品牌展示着其代表的独特文化魅力,没有文化就不可能创造品牌,更不可能成就品牌。这种文化是社会文化的浓缩,直接源头就是企业文化。

汽车的发展史让我们深深体会到文化的力量。不论是从马车到汽车的飞跃,还是从单一外形模式到个性十足外观设计的转变,还是从纯粹交通工具到世界潮流时尚的跨越,汽车的发展无不体现着文化的力量。

企业文化外化为品牌文化,可以温柔似水,融化人心、感动人心,同时也可以坚如磐石、给人信任。文化可以涵盖产品和品牌的方方面面,服务、质量、生产、销售,从高层官员到基层职员,从销售人员到顾客群体,企业传递着一种力量与信心,顾客则可以感受到一份信任与安心。世界上大多数知名汽车公司都拥有自己独特的品牌文化。如意大利汽车品牌法拉利自诞生之际就与赛车运动联系在一起,法拉利也因此成为动感和速度的代名词,成为世界上最著名的赛车和运动跑车的品牌代表;英国的劳斯莱斯则以其一贯的贵族豪华作风与名贵轿车结下了不解之缘,占据着世界顶级轿车中的一席之地;美国通用的凯迪拉克则是美国最豪华汽车的标志,凯迪拉克盾形徽章复杂而精致,表现了底特律创始人的勇气和荣誉,象征着凯迪拉克在汽车行业中的领导地位;福特品牌则基于"为全世界大多数人造车"的理想,以提升顾客价值作为福特汽车的最高宗旨,成为低价、可靠运输工具的品牌象征,始终处于全球最受欢迎的轿车和卡车品牌的行列。

从世界知名汽车品牌来看,一个汽车品牌背后往往蕴含着企业所在国家或者城市的文化传统,直接体现出企业的文化,并通过汽车产品演绎出更为丰富多彩的文化内涵。

随着中国汽车自主品牌的发展,在目前整个国内市场的轿车品牌处于一种白热化同质竞争的现状下,品牌推广和品牌文化建设也成为各个商家推广其产品的必要手段。当国内一些小型厂家还在依靠降价的旗号吸引顾客时,一些汽车厂家已开始由"卖汽车"步入"卖文化"为主题的各种文化活动。在这些活动中,你感受到的不是浓浓的促销味,而是一份浓厚的人文关怀。

推出一个汽车品牌也许只要三个月就够了,而要成功打造一种汽车品牌文化则往往需要几年甚至更长时间的培育。

品牌就两个字,但创建品牌是一个系统工程。从产品生产的前期采购、生产流程、品牌传播到售后服务,都需要以企业文化为指引的用心执行。

品牌的支撑是服务文化。研究结果显示,中国在消费市场日趋成熟的过程中,消费观念逐渐理性,保护自身权益的意识也更加强烈,不会简单地凭借一个品牌的口碑或知名度而轻易对企业许下关系承诺,品质是赢得消费者信赖的关键。在产品质量、性能等技术性要素实现后,服务成为产品差异化的一部分。随着市场竞争的加剧,服务不仅是商品不可分割的一部分,而且已成为市场竞争的焦点。服务包括售前传播、咨询甚至试用,售后的安装、维修、培训等。服务质量是由消费者感知的,它建立在顾客的需求、向往和期望的基础之上,具有极强的主观性和差异性。与有形产品不同,服务质量是在服务提供者与服务接受者的互动过程中形成的。因此,服务质量的好坏直接影响到顾客的感知、顾客的评价及其购后行为。消费者在购买和消费实体产品时大多数情况下接触不到生产企业,只能通过品牌或分销渠道来感知企业文化。但是在服务时,提供服务的人要直接面对消费者,其服务质量则直接影响到消费者对其品牌形象的印象和评价。服务是品牌强有力的后盾,有效推动品牌成长。世界成功品牌在成长过程中无不把为客户尽善尽美的服务作为他们成长的要诀和标志。完成这种尽善尽美的服务,员工是关键,就需要建设强大的服务文化。

品牌的形象是外在表现,与企业文化的视觉系统殊途同归。品牌的外在表现不仅指视觉方面,还包括品牌与社会的一切接触点上的表现。品牌形象指产品或服务在消费者心中的个性特征,它体现公众特别是消费者对品牌的认知与评价,它影响消费者对品牌购买和消费行为。形象往往能反映品牌的实力与实质,品牌形象与品牌不可分割。好的形象给品牌加分,成为赢得顾客忠诚的重要途径;负面的形象则给品牌减分,成为顾客认知的瓶颈。

品牌的基础是管理,管理的最高境界是企业文化。品牌的成功是优秀管理的结果,成功的品牌无不依靠管理创立、发展、创新,管理是品牌成功的依靠,是品牌得以健康成长的基础。良好的管理使品牌资产保值增值。

品牌管理可以从三个层次考虑:公司品牌策略、产品品牌策略和组合品牌策略。公司品牌策略即所有产品均与公司名称相同,又称为"伞状品牌策略"或"集成品牌策略"。产品品牌策略指各产品都有自己独立的品牌名。而所谓组合品牌策略就是公司品牌与产品品牌、一个企业内各品牌之间的组合与管理。

品牌战略管理是站在全局的高度,去统筹和规划的,是一个体系,是一个系统工程,它具有长期性、连续性、系统性、全局性与全员性等战略特征,它需要企业以战略眼光,纵观全局,长期地、持续地操作,不可能一蹴而就。

品牌管理是现代企业市场营销的核心。从品牌战略的功能来看,一个品牌不仅仅是一个产品的标志,更多的是产品的质量、性能、满足消费者效用的可靠程度的综合体现。它凝结着企业的科学管理、市场信誉、追求完美的精神文化内涵,决定和影响着产品市场结构与服务定位。实践证明,良好品牌品牌管理能有效提升品牌忠诚度,实现品牌的持续发展。

品牌的活力在于创新,创新的源头是企业文化。品牌创新包括产品、服务层面的创新和品牌传播层面的创新。苹果手机在技术上的领先成为苹果品牌影响力不断增强的引擎。耐克在广告策略上的一系列创新、阿迪达斯的街头篮球挑战赛等传播手段的创新让品牌大放异彩。创新对组织的战略能力有着很高的要求。戴维·阿克认为:"如果这个组织太保守,任何超越常规的事都不能做,那要创新就不容易了。"

品牌就两个字,说起来容易做起来很难,必须有清晰的战略、持续一致的坚守,必须用文化彰显品牌的魅力,用企业文化保证产品的品质。

4.2 品牌文化与企业文化比较研究

品牌文化(Brand Culture)是指品牌在经营中逐步形成的文化积淀,

代表了企业和消费者的利益认知、情感归属,是品牌与传统文化、地域文化及企业个性形象的总和。拥有强势品牌文化就可以赢得顾客忠诚,稳定市场,增强企业核心竞争力,为品牌战略成功实施提供强有力的保障。

品牌文化与企业文化具有高度的关联性,如果没有企业文化,品牌文化就没有发展的基础;如果没有品牌文化,企业文化的外部延展就会逐渐与社会发展脱节。

企业文化与品牌文化具有一致的内涵

企业文化与品牌文化都不能脱离公司的产品和经营,都要服务于企业的发展,企业文化形象识别部分,包括名称、标识等与品牌文化基本重合。其核心理念如使命、愿景、价值观虽然有时候表述略有不同,但基本内涵是一致的;其他理念则围绕着核心理念,一部分侧重于内部的经营管理,如人才理念、管理理念等;一部分则侧重于市场与消费者,如品牌定位、服务理念等。其含义本质上具有一致性、共通性。海尔品牌给人的感觉是一种优质、真诚和负责,其企业文化也是以真诚、创新为核心;而惠普公司的"惠普科技,成就未来"的品牌内涵也是其企业文化的体现;可口可乐公司的动感激情、富有个性的品牌文化,那么其企业文化也必然不能脱离激情、创新,很难想象一批守旧沉稳的人能够领导可口可乐公司。

只有企业文化与品牌文化内涵协同一致的时候,企业的使命、愿景一致,企业员工追求的价值观一致,企业才会取得长足的发展。青岛啤酒百年的发展史就是一部企业文化与品牌文化发展相互融合、相得益彰的历史。青岛啤酒品牌文化的源头是日耳曼民族文化的严谨与认真,在发展过程中,又受所在地的地域文化——齐鲁文化中儒家思想和齐鲁人的豪放、豁达的深远影响,围绕着啤酒的文化特色,不断地完善与发展,形成了诚信、和谐、开放、创新的核心价值观;通过提炼其中激情与快乐的成分,贯穿于企业使命之中,这不仅与啤酒天生的文化基因成分不谋而合,而且给青岛啤酒"激情成就梦想"的品牌主张有力的文化支撑。青岛啤酒正是通过激情快乐的品牌文化特色,把消费者融入了青啤文化大家庭中,不断地推动青啤文化发展、创新,从而形成了独具特色的品牌文化,让青岛啤酒能够跨越不同的历史时期,不断走向繁荣。

同时,我们也很难想象品牌文化和企业文化相背离,这不仅会阻碍企业发展,而且会毁灭企业的前程。如果一种动感激情、富有个性的品牌文化嫁接到一个守旧沉稳的企业上,虽然会有短暂的成效,但是必然不能持续,这也就是为什么有的企业,有了知名广告公司创意精彩的广告,并在媒体投入大笔的广告费用,但品牌依然难以取得成效。其中一个重要的原因就是其品牌文化缺少企业文化的支撑,品牌广告语、员工和产品传递出的文化不对称。从某种意义上来说,品牌文化是企业文化联系消费者的桥梁,消费者通过品牌文化感受企业文化,在心理和情感上产生一种归属感,这种情感最终表现为品牌忠诚度。

有人也许会想到 OEM 企业与产品品牌。对于这一问题,本章第一部分已有论述:品牌是产品之外的东西。一个生产企业可以为不同调性的品牌代工,该怎么认识呢? 这时的品牌的确与生产企业相对分离,其所代表的文化,更多的是品牌所有者,即销售企业的文化,是服务型文化。比如耐克的品牌文化是耐克公司的文化,而不是生产企业的文化。

没有企业文化的品牌,很难形成独具一格的品牌文化;没有品牌文化的企业,其企业文化是一种生产车间文化,是与市场中的品牌分离的;没有企业文化氛围的品牌,仅仅是区别同类产品的没有生命的符号、口号。企业是品牌人格化的主体,品牌文化是企业文化的一部分。品牌文化一旦形成,可以游离于企业之外,使人们只知其品牌,不知品牌所属的企业。正因为如此,品牌具有独立性,品牌文化具有自身的内涵,使之区别于企业文化。

　　企业文化是对内的,主要是为了明确企业的生存与发展指导原则,并形成一套以核心价值观等理念为核心的规范体系,以此凝聚企业员工,同时支撑强势品牌塑造,从而确保公司战略的顺利达成。品牌文化在构建过程中也对企业文化产生了深刻影响,两种文化通过品牌达到了有效的整合。企业文化通过品牌拓展了文化视野,并将文化效应转化为市场效应和经济效益。品牌文化通过品牌,将消费者偏好的文化引入企业内部,使企业文化不断与消费者的文化协调一致,不断增强企业对市场发展的驾驭能力。所以,正确处理好企业文化与品牌文化的关系,掌握之间的均衡,既可以使企业文化内涵更加丰富,也可以使品牌文化获得基础性支撑。

　　企业文化不能完全等同于品牌文化,两者的建设手段和发展方向有明显差异

　　品牌文化与企业文化起源和起点不同。品牌的载体是产品。不是所有的产品都是品牌,但品牌的背后一定有产品。可见,品牌的起点是产品,品牌文化源于产品,品牌文化靠产品的属性、靠产品的内在品质体现。因此,从产业发展的历史看,品牌先于企业,品牌文化的起点远远早于企业文化。

　　品牌的初始含义是产品的牌子,即符号,是一个名称、标记、图案、符号或这些因素的组合。可以用语言表达的部分是品牌的名称,不能用语言表达的部分是品牌的标记。无论是东方还是西方,品牌的起点都是产品,品牌以产品为依托。品牌文化的起点是产品交换。同类产品在交换的过程中很难区别,在消费者心目中难以形成信誉的保证、质量的承诺。一旦在产品上融入文化,有了名称、标记、图案、符号,就等于产品有了自己的"脸面",并将在消费者心目中留下了"烙印",这正是品牌文化的效应。品牌名称的构想、品牌标识的设计、品牌符号的传播等等,本身就是一种文化的概括与行为。如采用何种颜色作为品牌标识的基本色就蕴含着丰富的文化,包括消费文化、流行文化、潮流文化、时代文化等。不同的产品通过不同颜色的品牌标识传递各自的文化、信息,使人们产生不同的联想、感受。

企业文化的起点是企业的问世。企业是工业革命的产物,企业诞生之后才开始沉淀企业文化。18 世纪以前未产生企业,也就无所谓企业文化。1769 年英国阿克顿特在诺丁汉创办全球第一家企业,之后企业文化逐渐产生,虽然早期并没有企业文化这一名称和企业文化理论。企业文化是企业发展过程逐渐形成的,是企业经过历练的产物,在时间概念上要晚于企业。

第二次世界大战以后,特别是 20 世纪 70 年代以来,品牌发生了革命性变化,品牌由产品领域扩展到服务领域。不仅产品有品牌,服务也有品牌,而且进一步扩展到企业品牌。品牌由产品品牌延伸到服务品牌、企业品牌。如《福布斯》等机构评出的世界 500 强、100 强企业,显然是世界级著名企业品牌。企业形象战略、企业品牌战略的实施,意味着品牌跳出了产品的圈子向更广阔的领域迈进。企业品牌战略的实施,使企业文化、品牌文化成为一个有机的整体。

品牌文化与企业文化的基点不同。品牌最初是产品的第一形象,进而又是服务、企业的第一形象。品牌作为"形象大使"是沟通产品、服务、企业与公众的桥梁；发挥"初始效应"进入公众心智的是品牌；特殊事物容易被人们牢记的"莱斯特夫"效应，最终也沉淀在品牌上，而这些统统属于品牌文化。由于产品、服务、甚至企业品牌文化的差异，使得相同的产品仅因品牌不同而引发不同的联想，给人不同的感觉，价格相差很大。现代品牌文化告诉我们这样一个事实，品牌具有可塑性，品牌文化具有可塑性。这表现为：同一品牌，由于原产地不同，产品的制造者不同，购买的渠道不同，服务的提供者不同，会有不同的品牌文化，即同一品牌的品牌文化具有差异性。特别是在经济全球化的情况下，品牌及品牌文化的可塑性加大。

企业文化的基点是企业。正像不是所有的产品、所有的服务、所有的企业都有品牌一样，不是所有的企业都有企业文化。企业文化的核心是企业价值观。从发展阶段看，我们可以把企业文化分成两个层次。

第一个层次是初级阶段的企业文化。它是企业内部分人、少数人的文化；是企业高层管理者、决策者的文化；在"家长制"企业甚至是一个人的文化，即"家长"文化。这一阶段的文化内部没有形成共识，外部更没有融入品牌文化，没有传递给消费者。初级阶段的企业文化有正企业文化、负企业文化、零企业文化之分。正企业文化指决策者的意念、心智与企业的发展方向、企业员工的愿景相吻合；负企业文化指企业最高管理层的文化与企业全体员工的文化相冲突，甚至相抵触。这一阶段的品牌往往也是不稳定的。

第二个层次是成熟阶段的企业文化。这一阶段的企业文化是企业全体员工的共享理念，是凝聚企业全体员工的企业精神。成熟阶段的企业文化是全方位的企业文化，它以企业价值观为核心，以品牌文化为形象，以民族文化为根基。企业文化通过品牌文化与外部消费者建立了紧密的联系。在目前阶段,我国企业大部分依然没有企业文化与品牌文化整合发展的概念。来自国家知识产权局的统计数据显示,我国尚有60%的企业没有自主商标,即没有品牌文化。从这个意义上讲,我国60%的企业没有自主品牌文化,其企业文化是残缺的,失去了自己的形象文化。

企业文化和品牌文化形成的主体不同。企业文化主要包括企业核心理念、行为规范和形象识别等层面,落实到每个人及其行动上,以及企业空间、建筑等方面,是在空间层面上的构成。其中,理念是企业文化的核心部分,行为规范是指企业的经营风格、员工行为等,形象识别是企业的外在形象,包括名称、标识等,通过经营管理在员工心中形成理念共享、行为统一。与企业文化不同的是,品牌文化体系形成更多是从时间层面来考虑,是通过一系列的工作在消费者心智中建立的,形成持续购买和忠诚。

企业文化和品牌文化的建立和形成的基础不同。企业文化主要建立在企业管理基础上是一个相对封闭的系统,主要面向企业内部,企业文化建立的主体是企业员工。在企业经营发展的历程中,企业文化随着企业的发展会慢慢积累、逐渐成形,要经历由不自觉到自觉,无系统到系统的过程,需要不断地总结、提炼和提升。

品牌文化主要是在对外传播的基础上建立起来的,是一个完全开放的系统,主体是消费者的心智。它是在总结市场竞争状况、自身产品状况、消费者因素的基础上精心策划形成的,需要在激烈竞争的市场中,给产品一个明晰而独特的定位,塑造鲜明独特的形象,与消费群体的文化特性相吻合。

企业文化和品牌文化作用、传播对象和传播风格不同。企业文化用于凝聚人心,团结力量,以制造生产出符合市场需求的产品,形成良好的服务水平。品牌文化用于吸引受众,建立影响。

企业文化的对象主要是企业内部的员工,主要作用是明确企业发展的目的和方向,统一内部员工的意志,统一企业愿景、核心价值观和企业精神,充分发挥导向作用、凝聚作用、激励作用、约束作用,把员工的个人目标引导到企业目标上,应用企业文化取得良好的社会形象以形成员工和组织的良性互动,有效增强组织的整体竞争力。品牌文化主要是向企业外部传播,传播的对象是消费者,主要作用是和消费者进行有效沟通,建立产品与消费者的关系,同时,丰富品牌形象,塑造品牌个性,应用良好的品牌文化来提升品牌的影响力和客户忠诚度,保持产品在市场中长盛不衰。

品牌文化的传播是一种张扬、扩张的。品牌竞争的典型特征是排他性,通过品牌注册以法律的手段保护商标的"唯一性",进而保护品牌。正因为如此,一方面品牌抢注已成为当今品牌竞争的重要手段;另一方面,在企业并购、合并中,特别是企业跨国并购、合并中,控股方将另一方的品牌打入"冷宫",用自己的品牌取而代之。如果品牌无法扩张,其实质是市场萎缩,是品牌文化的萎缩。品牌文化张扬到哪里、扩张到哪里,意味市场开拓到哪里,所以品牌文化又是市场开拓文化。品牌文化的公众认知度代表品牌市场的广度,品牌文化的公众信任度,代表品牌市场的深度。如驰名商标、世界名牌的市场都是全球性的。

品牌文化的外倾性、外向性特征告诉我们,品牌文化是需要公众认同的文化,市场不接受的品牌文化,无论它是"老字号"品牌还是新秀品牌,最终会被市场淘汰出局。

企业文化的传播是内敛型、内向型的。它是面向企业员工、企业内部的文化。企业文化重在落实,无论是核心理念还是行为规范,都要落实到企业的决策和员工行为上。企业的发展在使命、愿景和价值观等理念指导下的不断突破,企业的产品在规范的流程下生产。企业通过不断提升生产、服务水平,凝聚成磅礴的力量,形成可持续的动力源。

品牌文化的市场开拓力、资本扩张力、无形资产聚集力取决于企业文化对品牌根基稳固的贡献程度。品牌文化在公众中的知名度、认可度、美誉度、忠诚度,靠企业扎扎实实练管理内功建立。世界级品牌没有一个不是建立在成熟的企业文化之上的,反过来,没有品牌文化的企业一定是短命的企业。

品牌文化与企业文化都是与时俱进的文化,都是发展变化的文化,都是不断丰富、完善的文化。进入新经济时代,企业全球化成为潮流,品牌文化、企业文化的全球意识渐浓,跨国企业、跨国品牌对全球资源环境的影响渐深,品牌、品牌文化这一无形资产已成为整合资源最核心的要素,实施以信誉为核心的品牌文化发展战略已成为当务之急。而资源和人才的全球化对企业文化的建设和管理也提出了新的要求。

无论是企业文化还是品牌文化都是服从和服务于企业的利益和企业的发展。企业文化与品牌文化都不能脱离公司的产品和经营,都要服务于企业的发展,因此,其核心含义应该是一致的,或者是相通的。但是企业文化与品牌文化在概念、作用、着眼点和建设方法方面又有明显差异。

企业形象是自身的品牌文化和企业文化的统一,品牌文化是企业整体社会形象的外在表现形式,品牌文化建设有利于促进其产品的销售。企业文化是企业整体社会形象的内在体现,是企业凝聚力的核心,是企业发展的原动力,目的是提高企业的管理水平和生产效率。两种统一于一体的文化又针对不同的群体宣传,其建设方法、手段有很大不同。

企业文化与品牌文化的塑造,其根源都在于对文化的理解,对文化理解得越深、越透彻,那么越容易把握其中的真谛和关键,建设的效率和效益就会更高。

4.3 让文化驱动品牌成长

品牌文化包括两个方面：品牌内涵的文化属性，以品牌为导向的企业文化。

一个品牌之所以能够建立并得以传播，其背后必然是有着深厚的文化背景作为支撑的，品牌文化是品牌的重要组成部分。另一方面，随着管理水平的提高，对品牌的管理逐渐由经验管理、科学管理模式过渡到文化管理模式，品牌文化是对品牌实施高效管理的更加有力的手段，成为更多品牌管理者的有力武器。所以，对于企业而言，品牌创建是发展的重中之重；对于品牌而言，建立有利于品牌发展的品牌文化，并对其实施有效的管理是不可忽视的管理环节。

品牌文化是企业文化的导向和外化，包括：共同的使命、愿景，内部管理文化、产品文化、质量文化、服务文化、营销文化等。按照三层次理论，品牌文化的物质层次是由员工生产的该品牌的产品以及产生该品牌所需的物质设施等所构成的器物文化。物质层是品牌文化的表层部分，是形成品牌文化的制度层和精神层的基础。它主要包括品牌名称、标志、广告内容以及形式，产品生产场地环境和布置风格等空间载体，品牌内部的报纸、刊物、有线广播、闭路电视、宣传栏等内部媒介，这些载体承载品牌文化，服务于品牌建设，与企业文化的物质层殊途同归。表层的物质文化通常是品牌经营理念、管理哲学、工作作风以及审美意识的反映。尽管物质层是品牌文化的最外层，但它集中体现了一个品牌在消费者心目中的外在形象。因此，它是消费者对一个品牌的体验和总体评价的起点。

制度层是品牌文化的中间层次，它主要是指与品牌经营理念和管理哲学相适应的规章、制度、组织机构等。制度层将对品牌内部所有人员的所有行为产生制约作用和规范作用,它集中体现了物质层和精神层对品牌成员行为的要求,是具有强制性的、以书面形式存在的品牌文化。品牌文化的制度层有很大一部分与企业文化的行为规范、制度要求重叠,同源而异流。

精神层是指品牌管理者和所有员工共同信守的品牌愿景、使命、价值观、作风以及精神等。精神层是品牌文化的精髓,是在品牌产生和发展过程中形成的独有的意识形态和文化观念。正是精神层决定了物质层和制度层的内容和形式,它主导着品牌文化的发展模式,是品牌文化的核心和灵魂。品牌文化的精神层几乎与企业文化核心理念重叠,是创始人的初心,是企业战略、经营行为的出发点,起到凝聚员工思想、规范员工和企业行为的作用。

文化管理是企业管理的最高境界

人类历史发展到现在,管理理论的经历了三个发展阶段:

一是经验管理。没有成型的管理规律、成文的管理制度可以遵循,企业完全按照经营者自己的设想,凭经验、直觉去管理。企业的兴衰成败完全取决于经营者的个人素质,这包括决策能力、指挥能力、凝聚人的个人魅力、良好的感觉和直觉。

二是科学管理。1911 年,美国人泰勒的《科学管理原理》一书问世,使企业管理由漫长的经验管理阶段迈进了划时代的科学管理阶段,用流程、制度管理人。科学管理极大地推动了生产效率的提高,但往往重物轻人,仅仅把员工当作工具,对员工采取胡萝卜加大棒式的管理思想和管理方式。随着经济和技术的发展,越来越显现出其消极的一面。

三是文化管理。是"以人为本"的管理,其本质是以人的全面发展为目标,通过共同价值观的培育,在系统内部营造一种健康和谐的文化氛围,使全体成员的身心能够融入系统中,变被动管理为自我约束,在实现社会价值最大化的同时,实现个人价值的最大化。

文化管理是管理的最高层次,它通过企业文化的培育,来实现管理模式的提升,使员工形成共同的价值观和共同的行为规范,使个体的人成为"企业人"。

首先,文化规定了企业和品牌所追求的远大目标,以使命和愿景引导企业和品牌健康发展,以社会价值激励和规范企业和员工的行为,保持企业可持续发展的动力。第二,文化是一股极强的凝聚力量,它可以将各个方面、各个层次的人员团结在品牌和企业的周围,使品牌产生凝聚力和向心力。第三,文化能够激励职工奋发进取、重视职业道德,形成创业动力。第四,文化是以一种无形的、非强制性的各种规范和人际论理关系准则,弥补了制度管理和科学管理的不足,对员工思想和行为的约束充满人性关怀,更具持久力。第五,文化满足了人类消费行为的文化性,是品牌营销的重要手段。

品牌文化也是以品牌为导向的企业文化

强势品牌必然以强势文化为支撑,强势文化也必然外化为强势品牌;没有文化的品牌只能是空心品牌,最终会被市场抛弃;没有品牌的文化也只能是"飞天文化",最终无法落地形成生产力。品牌战略的实施需要得到品牌文化的支持,基于品牌的企业文化能够为品牌的稳健持续发展创造有利的环境,能够激励整个组织去优先对待并大力支持品牌的发展,动员全部力量去保护品牌的核心以及长期价值,在管理层更迭的情况下依然能够保持品牌管理的连续性。品牌文化与企业文化就像一枚硬币的两面,在与消费者的沟通中表现为品牌文化,在企业内部的团队建设中则是企业文化。

品牌文化的设计需要从三个方面着手：首先让品牌理念与企业文化中的"价值观"共享。如果企业文化价值观不支持品牌价值观就会导致品牌成为一个虚假的承诺，所以苹果的乔布斯强调其只会雇佣符合品牌价值观的员工。其次是在与消费者的品牌沟通中引入"企业故事"和"英雄人物"，品牌识别实施系统中的"内部角色模式"，就是从企业内部寻找能够代表和反映品牌识别的人和事，内部角色模式的重要组成部分"品牌故事"和"品牌模范"，都可以从企业文化中的"企业传奇"和"英雄人物"那里找到灵感；最后是将品牌体验和企业文化建设结合起来，品牌建设中"针对员工的文化体验"和企业文化中的"文化网络"其核心内容是相同的。即便是针对顾客的品牌体验，也与企业文化产生积极的互动，如阿里巴巴的周年团圆庆祝活动，通过互联网向外部同步传播，每一次活动都有许多人在线观看，既是员工的狂欢，也是顾客的嘉年华，能够同时引发忠诚顾客和内部员工的深度共鸣。

品牌文化导向的组织

企业文化是企业处理各种关系包括企业与员工、员工之间的关系的准则，最终产出产品、服务形成企业的社会价值。

拥有强大的品牌，首先要创造一个支持品牌的强大的内部企业文化。在这个企业文化中蕴涵着企业和员工的承诺，表达着每一个员工在组织中为什么存在的理由。顾客对品牌的忠诚，某种程度上来源于员工对企业、对品牌的忠诚。

创建一个以品牌为导向的企业文化，胜过创造一个短期的品牌轰动效应。创建一个以品牌为导向的企业文化具有以下好处：

员工对品牌的相信，能够确保良好的精神状态，进而传递给顾客。

可以使员工明白他们应该怎样做才符合公司品牌战略,进而传递品牌的愿景并对顾客做出承诺。

对顾客和品牌的共同关注,可以提高员工的凝聚力,建设有利于品牌发展的工作环境。

把企业转变成为一个品牌驱动的组织,即整个企业形成以顾客为中心的企业文化,是一个不断建设的过程,需要有明确的目标和相关的支持措施、良好的管理机制。

创建以品牌为导向的企业文化应遵循的原则

品牌导向的企业核心是顾客,公司最优先的工作就是达到顾客的满意,而要达到顾客的满意,员工在传递品牌承诺过程中起着非常关键的作用。

为了在员工当中建立和强化品牌所期望的行为,我们应该严格遵守下列五项基本原则。

原则一:使品牌与员工具有相关性

第一个也是最关键的原则之一是要保证品牌与员工具有相关性。要让员工明白,品牌发展对公司和员工个人意义何在。在公司中,每个员工不仅要理解品牌所代表的含义,还必须懂得他们应该怎样接受品牌的内涵,把品牌所代表的思想转化为自己的行动。只有真正理解了品牌内涵的员工,才能更好地参与品牌创建,并用品牌思想来指导自己的决策过程。江苏孝仁堂养生机构明确授权给销售人员对顾客所购买的商品换货、退货而不需要高层管理者的批准,并明确,奖金是顾客对服务的奖励,而不是来自高价格。这有效地帮助员工理解公司的使命:让每个老年人更健康、更快乐、更长寿。

从策略上来看,品牌与员工的相关性可以通过多种方式建立起来——从设计一个有利于塑造员工品牌行为的理想的工作场所,到实际培养员工(特别是那些直接与顾客进行沟通交流和服务的员工)的服务能力。通过这些方式,可以有效地建立起品牌与员工的相关性,并通过提供给员工相关的工具,帮助他们解决在实际工作中遇到的问题。

原则二:提供品牌知识培训

使员工具备支持品牌决策的能力,意味着他们必须在实际工作中做好品牌建设活动的一切准备工作,具备品牌建设需要的知识,必须随时能够有效地回答顾客所提出的任何问题。这就要求企业对员工的管理要包含品牌知识的培训,包括产品知识、服务要求和品牌建设要求。如果员工缺少随时接受顾客询问的能力,就说明该企业已经出现了员工对工作没有兴趣,或者员工对品牌知识的掌握不够,品牌建设就会受到不好的影响。

原则三:通过员工的工作不断强化品牌

为了使品牌真正成为企业文化的一个重要支柱,员工必须不断地理解和传递品牌的内涵,因为随着时间的推移,品牌也在不断成长,品牌的内涵已经远远超过品牌开发项目首次启动时所表现出的含义。强化品牌的手段包括有计划的产品创新、品牌培训和工作环境的视觉系统升级,经常性的工作例会、顾客拜访以及互联网、微信等新媒体的应用,这些手段对强化品牌意识有着不可替代的作用。

对新员工的培训应该成为品牌培训的重要部分。对新员工进行品牌教育和培训,可以帮助他们更好地理解公司品牌及其对公司发展的影响。通过教育培训,公司还可以提供给新员工每日工作和决策所必需的一些工具和框架,提高他们的工作效率。

原则四:奖励支持品牌建设的行为

对在支持公司品牌战略方面表现优秀的员工进行奖励,是建立以品牌文化为导向组织的重要内容。这样做可以提高员工创建品牌的积极性,通过对员工个人行为的认可,不断地强化公司大力支持和提倡的品牌行为。更为重要的是,奖励还表现了企业对品牌建设的承诺,同时也创造和树立了一个帮助员工更好地理解他们如何履行品牌所提倡的行为的有形榜样,是企业文化建设的重要内容。孝仁堂养生机构每月都有一次全体员工参加的工作例会,其中一项最受欢迎的内容就是对员工的奖励,获奖员工发表获奖感言、颁奖照片会刊登在公司内刊上。

原则五:品牌文化建设从员工招聘开始

品牌的成功依赖于员工所具有的可以体现品牌精神的能力,因此品牌文化建设要从员工招聘开始。公司的人力资源部与市场营销部应该共同开发出一个基本的员工能力标准和考核程序。员工能力通过各种不同的策略来考核,同时把对品牌元素的要求与员工评价体系结合起来,公司期望创建什么样的品牌,就应该这些方面加大培训、管理力度和考核力度。这些工作以品牌文化为导向,使得企业文化有了落地的内容和手段,使企业文化与品牌建设协调发展。

第五章
企业文化变革

　　企业的生存环境在不断变化。这是一个不确定的时代,随时都在变化,唯一不变的是变化。只有那些能适应变化,甚至引领变化,并在变化中不断成长的企业才是真正的赢家。正如瑞·达利欧在《原则》中说:"世界上到处都是曾经辉煌但逐渐衰落的东西,只有极少数东西一直在重塑自身,不断达到伟大的新高度。"

　　"变"的主基调是全球经济一体化、信息技术普及化和劳动力性质剧变,企业能否在复杂、动态的经济环境里立于不败之地,越来越依赖于企业对其内外环境的适应能力。大量的证据也表明:与严格的静态组织相比,适应性强、弹性的组织有着明显的竞争优势。因此,企业的组织变革、文化变革成为每个企业发展必须具备的能力,这也是一个培养管理者和员工的快速适应能力的过程,也是企业不断突破自我的成长过程。

5.1 企业变革中的企业文化管理

　　企业文化是"一组共享的价值观与规范系统,用以控制组织成员彼此间以及组织成员与组织外部人员之间的互动行为",从深层角度来看,企业变革也就意味着原有的价值观和规范系统的打破,以更能够适应新环境的价值观和互动方式取而代之。但在以往对于企业文化与企业变革的研究中,对于文化的变革触及较少,如何在变革中管理企业文化、如何通过企业文化的变革促进企业的变革,在实践中很茫然。

文化变革在组织变革中的地位

组织变革已经成为常态。从结果来看,组织变革就是,"组织从他们现在的状态转变到期望的未来状态,以增进其效能的过程"。

首先,绝大多数的企业变革都会受到文化的影响,甚至是关键的影响。可以说,企业变革是否成功,一定程度上取决于文化变革是否成功。文化是共享的价值观和规范体系,它直接影响员工的态度和行为,面对新环境原有的企业文化都会对变革产生阻力。而企业变革能否成功,也正是取决于新的价值观和规范体系能否形成。其次,企业总是在进行战略、制度变革的同时塑造着新的企业文化。组织变革在有形制度上的改变,如人力资源结构、作业流程、组织环境或组织结构的改变,都会对员工的认知模式产生影响,从而造成对现有文化的冲击。

因此,作为企业的核心价值观和规范体系,文化变革有其自己的特点,不能与战略、制度等有形变革同类并列,它是企业变革中更为深刻的部分。

具体到企业变革会遇到的主要文化问题,则需要从企业变革的过程上来分析。美国社会心理学家库尔特·卢因(Kurt Lewin)于 1951 年提出有关组织变革的三段论:解冻—变革—再冻结。该理论是最早提出的有关组织变革过程的理论,为我们考察变革过程中凸显的文化问题提供了重要的参考。

阶段一:解冻——变革的准备阶段。这个阶段的主要任务是强化变革压力、增强变革的诱因,让员工意识到原有的组织架构已经不能适应现在的环境,为变革做好准备。在这个阶段,随着人力资源结构、作业流程等实体制度的改变,原有的企业文化正在逐步消解,此时最大的文化问题就是原有的企业文化对企业发展的促进作用消失,它包括员工行为失范、心理契约的破坏、对企业有利的非正式群体的解散。

阶段二:改变——变革的主要阶段。这个阶段是"新""旧"交锋的主要阶段,变革的目标即为改变人们的认知模式和行为方式,打破原有的组织结构,树立新的组织规范。

这个阶段,新的企业文化还在确立的初始阶段,原有的企业文化并没有完全消失,此时主要的文化问题就是原有的企业文化对企业变革的阻力:原有行为规范的惯性、对新思想的抵制、对新文化的排斥。

阶段三:再冻结——变革成果的固化阶段。这个阶段主要是通过强化新的组织形态,如行为规范、组织结构等,来实现变革的整体目标,集中表现在新的企业文化的确立。这个阶段,原有的企业文化的影响已经被降低到最小,新的价值观和规范体系正在被员工认可和接受,但是还没有达到稳固的程度,因而此时主要的文化问题即为新的企业文化的固化:心理契约重建、新的价值观的具体体现、沟通和反馈机制的修复。

在组织变革的三个阶段中,企业文化都在背后起着关键作用,积极处理好文化变革,将对组织变革起到良好的促进作用。

变革中的企业文化管理

在企业变革的整个过程中,有形的变革处于表层,是显性的,容易为员工和管理层认识和把握;文化变革处于深层,是隐性的,它与有形的变革密切相关,也是企业变革能否成功的关键。因而,处理好变革中的企业文化管理对变革来说就显得尤为重要。首先,高层管理者要充分认识到文化变革的重要性,他们的重视、支持,决定了能否确立文化变革的目标和方向,能否持续推动文化变革的进行。其次,文化变革要借助并伴随着组织结构、人力资源、信息和控制制度、管理方式的改变,组织结构主动变革将会促进文化变革;同时,文化变革将深刻影响组织变革。第三,在整个文化变革过程中,组织成员的地位将会灵活地调整。

解冻阶段,主要的文化问题是原有的企业文化对企业发展的促进作用消失,它包括员工行为失范、心理契约的破坏、对企业有利的非正式群体的解散。在这个阶段,企业文化管理的重点在于两个方面:首先,加强和员工的沟通,强化变革的意义。变革是迫于环境的压力,也是基于企业拥有更好发展的愿望,加强和员工的沟通有利于员工认识到变革的必要性,使其行为符合变革的预期目标。其次,要树立员工的信心和对企业的认同感。通过宣传变革的战略目标和具体举措,树立员工对企业变革成功的信心。

与此同时,明确企业对员工利益的重视,通过个性化的激励增强员工对企业的认同感。

解冻阶段的文化变革对员工的影响常常被有意无意地忽视,人们简单地认为,通过有形的组织变革,通过人员的调整、流程的优化,员工会自然实现思想的转变。而现实往往不是这样。2005 年,河南新飞集团被新加坡丰隆集团并购,国有企业短期内变成为外资企业。以高管的更替为标志,新飞开始了战略、组织结构的调整,原来国有企业的制度福利、行为规范迅速转变为外资模式。但由于忽视了文化变革的相关工作,员工一时难以适应,不仅生产受到影响,严重时甚至出现了罢工事件。令人遗憾的是,文化变革一直没有得到外方管理层重视,最后导致新飞的市场不断萎缩,2017 年 6 月,曾经辉煌一时的新飞品牌破产拍卖。

在文化变革的改变阶段,主要的问题是原有的企业文化对企业变革的阻力;原有行为规范的惯性、对新文化的排斥。这一点,在新飞并购重组的过程中表现得十分明显。这个阶段的文化管理的重点是在确立新的行为规范、制度体制的同时,注重员工实际问题的解决,要在这样的具体过程中体现企业新的价值理念,让员工切身感受到组织的共享信念和期望。

文化变革再冻结阶段,主要的问题是新的企业文化的固化:心理契约重建、新的价值观的具体体现、沟通和反馈机制的修复。这个阶段里,一方面要重视沟通和反馈机制的修复,把握员工对新的规范体系的理解,将新的文化的固化落到员工的切身利益上;另一方面,重视灵活地调整不同组织成员的地位,提升与新文化相适应性的员工,将他们树立为榜样,淘汰不能适应新方式的员工。

总之,文化变革在组织变革中处于关键地位,它不能和技术变革等有形变革进行并列,它是隐性的、深层的变革,贯穿变革的始终,是组织变革的先导和终极目标。

在变革中的企业文化管理需要重视不同阶段的不同文化问题,做到以终为始,对症下药,只有解决好变革不同阶段里的文化问题,坚持文化变革和组织变革、技术变革等有形变革的互动,才能真正实现变革目标,提升企业的生存能力。

【案例】新飞破产的深层次原因

2018 年 6 月 28 日,河南新飞电器、家电、制冷器具公司 100%的股权落锤成交,成交价 4.55 亿。而新飞电器名下部分土地、房产及建筑,于 7 月 5 日开始拍卖。

一度比肩海尔的新飞品牌,曾经的辉煌尘封历史。

十年辉煌,一朝陨落

新飞的前身是一家军工工厂——新乡市无线电设备厂。创始人刘炳银 1983 年接任这家小厂厂长时,企业已累积亏损 70 多万元。上任后的刘炳银将工厂的解困之路,瞄准了受大城市欢迎的电冰箱。1986 年,刘炳银引进一条意大利飞利浦电冰箱生产线,开始生产"新乡飞利浦"冰箱,新飞品牌从此诞生。

两年后,到 1988 年时,新飞冰箱销售收入、利税、全员劳动生产率、人均创利税四项指标均居新乡市首位。

1990 年 5 月,刘炳银也曾怒砸 400 台有质量问题的冰箱,质量意识开始在新飞人心中发芽、生长,新飞也开启了十年的辉煌。

1996 年前后,新飞达到顶峰。那一年,新飞开始实行工资改革,大部分工人的工资都涨到了 1000 至 1400 元。而当时新乡市平均月收入只有三四百元。

外资接手,新飞动荡开始

据公开资料显示,1994 年政府牵头引入新加坡丰隆与新飞集团一同组成了新飞电器,其中新飞集团持股 49%,新加坡丰隆电器私人有限公司持股 45%、新加坡豫新电器有限公司持股 6%,新飞集团仍然掌握着话语权。

2005 年,新乡市政府将其持有的 39%的国有股份转让给新加坡丰隆,加之早前收购了新加坡豫新电器有限公司持有的新飞电器 6%的股份,新加坡丰隆成为新飞电器持股 90%的大股东,成为新飞电器新的控制人。

据知情人透露,当时新飞创始人刘炳银非常反对这项重组,但最终无果。刘炳银虽然还掌握着新飞电器的经营权,但势均力敌的股权结构,让他在运营策略上越发掣肘。据媒体报道,刘炳银曾表示,有两次他认为难得的发展机遇,都因为董事会的反对而作罢。

新飞市场的衰落从 2012 年已经开始。这一年,新飞冰箱销量同比下滑 37%,市场份额开始连年下跌,并于 2014 年跌出前十;这一年,新飞电器的标志也从老鹰变成了一只色彩斑斓的小鸟。外部的变化揭示出内部深层次的矛盾。当年 5 月份,新飞电器出现大规模停产,涉及新乡三个生产基地的大部分生产线,其中产能 200 万台的新飞冰箱一部工厂关闭,与生产二部合并。

外资入驻原本是好事,为何演变为滑铁卢了呢?

文化困境,才是新飞衰落的真正原因

新加坡丰隆集团创立于 1963 年,是新加坡最大的房地产和酒店业投资发展商。公开资料显示,丰隆在家电行业没有任何经验。有评论认为,丰隆收购新飞的目的在于卖出,获得投资性收益,并不是认认真真地经营。实际上,在丰隆掌控期间,曾多次传出卖出新飞电器的消息,但由于要价过高作罢。

成为外资公司后,员工首先感到的是频繁的人事变动。

2001 年刘炳银因胃癌在广州病逝。一年之后,一直被视为刘炳银接班人的新飞电器总经理李根被换掉,新加坡方面的张冬贵接管新飞电器。之后丰隆集团连续空降 400 多名高管,新飞电器中高层被大换血。之后张冬贵突然辞职,新飞又开始了新一轮人事变动。

中高层的频繁变动带来的是战略的不断调整,管理方式的变化,员工的思想波动极大,凝聚力无从谈起。

除此之外,在丰隆经营的过程之中,中方与资方在经营方向上的矛盾也一直存在。资料显示,自 2006 年国企改制算起,在 12 年的时间里没有涨过工资。员工的待遇远远落后于周边的企业。2012 年出现了员工罢工抗议,但问题并没有得到解决。

资方接管后带来管理方式、经营理念、市场策略和战略方向等等,与新飞已经形成的文化相冲突,都给员工来了极大的不适应,形成了难解的文化困境。

企业文化变革应处理好四个关系

环境在变,消费者在变,员工也在变,企业必须与时俱进;尤其在企业发展进入一个新阶段,企业战略转型,都要求企业在文化层面实施变革,以适应新的形势。企业文化变革,必然伴随着新旧思想的交锋、管理模式的转变、不同价值的交融。转型期的企业,不仅有"看得见"的业务模式升级和组织架构变革,还有"看不见"的思维模式转向和企业文化转型。

企业文化,是一种被全体员工所认同的价值观,直接决定着员工的思维模式和行为方式;同时,由于思维模式的惯性特点,企业文化变革并非一朝一夕可以完成,必须坚持目标,久久为功。成功的企业文化变革,选择好时机,更需要处理好企业内部、企业与社会的各种关系,重点表现为四个方面:文化的继承与创新、管理层的设计和基层的实践、管理变革和环境营造、企业发展和员工成长的利益关系。

继承+创新:继承企业文化中优秀的部分,对新需求进行创新。企业文化是在长期发展过程中,积淀并形成的。在企业发展的不同阶段,企业文化所包含的企业精神及价值观有着不同的时代内涵。在企业转型期,企业文化体系中依然有符合企业转型发展的部分,也有不符合新战略需要摒弃的部分。要找准"变"与"不变",在继承中巩固和创新,洞察新形势下的新需求,在开拓中创新,使企业文化引领企业转型发展。

顶层设计+基层实践:根据环境变化与战略需要进行科学设计,同时要发动全员贡献智慧,强化执行。企业文化变革不能只靠上层"一厢情愿",必须把顶层设计和基层智慧、顶层拉动和基层推动结合起来,使转型更具系统性、整体性、协同性。

首先,应从企业发展的战略角度,强化宏观构建和前瞻思考,画出"战略图""目标值""路线图"和"时间表",并依据战略需要,提炼勾勒与企业战略目标相吻合的企业文化,找准新需求的创新点。其次,应时时关注基层对转型战略的执行及对新文化因子的吸收情况,倾听基层呼声,不断强化重点文化因子,让基层员工深刻理解企业转型的坚定信心和方向。

值得一提的是,企业管理者在企业文化形成过程中具有强势的引导作用,要以上率下、身体力行,做好企业文化重塑的倡导者、宣传者和践行者。喊破嗓子不如甩开膀子,管理层的行为是最生动的企业文化宣贯。

管理变革+环境营造:既发挥制度的力量,又关注环境的影响。由于企业文化存在一定的惯性,员工思维和行为的转变需要一个较长的过程,因此企业转型不会轻松完成,必须进行系统的管理变革。要改变传统的管理方式与方法,从组织架构、责任机制、激励机制和约束机制等方面建设新的管理机制,通过管理的变革来完成文化的转型。此外,要注重营造开拓创新、开门纳谏,尊重人才、尊重创造,爱岗敬业、争做标杆的良好环境,为转型注入鲜活的思想源泉,在组织内形成变革的氛围。

企业发展+员工成长:让员工的利益与企业发展息息相关。不同企业成功的要素各不相同,但有一点是共通的,就是企业与员工的共同成长。唯有如此,员工才会发自内心地与企业同呼吸、共命运。

在企业转型期,一方面员工对企业发展的未来更为担忧,另一方面,转型期往往意味着更大的工作压力和更高的工作要求。这两方面因素叠加,易使队伍出现信心不足及积极性、创造性下降等问题。此时,更应强化灌输企业转型成败对员工自身发展的影响。要完善选人、育人、用人、留人机制,优化员工职业成长设计,完善薪酬绩效管理体系,使员工职业成长与员工对企业转型的贡献成正比例相关,形成人才辈出、人尽其才的生动局面。

一次成功的企业文化转型,必将使企业具有更加强大的战斗力和执行力,产生巨大的凝聚力和创造力。如此,企业转型迎来的不仅是物质之变,更是精神之变、气质之变;不仅有思想的真砥砺,更有企业的新发展。

5.2　企业不同生命周期中的企业文化变革

万物皆有生命周期,企业也是如此。2013 年 7 月 30 日,国家工商总局发布《全国内资企业生存时间分析报告》,对 2000 年以来全国新设立企业、注吊销企业生存时间进行综合分析,数据表明,半数企业"年龄"在 5 岁以下,企业成立后 3~7 年是生存"瓶颈期"。报告显示,我国近五成企业生存时间不足 5 年,企业成立后的 3~7 年死亡率较高。2018 年 3 月 1 日国家工商总局局长在国务院新闻办举行的新闻发布会上指出:我国小微企业平均生命周期仅 3 年。

而据美国《财富》杂志的统计数据显示,美国 62% 的企业寿命不超过 5 年,只有 2% 的企业能存活 50 年;日本《日经实业》的调查显示,日本企业平均寿命为 30 年。

每个企业家都追求打造"百年老店",而在现实中,我们看到的更多的是企业发展中的早夭。另一种现象是,许多企业总也长不大,发展到一定程度就会下滑,然后再努力发展,再下滑。有企业界人士称之为"锯齿形发展",而在一些以人力资源为发展要素的企业,如营销公司、咨询公司等,"锯齿形发展"成为许多企业发展的魔咒。

出生—成长—成熟—老化—死亡,是宇宙万物生存发展的不二法则。企业既是一个社会经济组织,同时也是一个生命有机体,它同生物一样也是具有生命周期。企业的生命周期是指一个企业从创立到消失为止所经历的自然时间。每一个阶段都具有不同的业务规模和发展特点,由此引申为不同的组织结构、企业文化。对企业生命周期的划分,学术界并未完全统一,一般笼统地分为幼稚期、青春期、壮年期及贵族期/官僚期四个阶段,但从企业业务规模、战略选择、组织机构、企业文化的发展与变化看,伊查克·爱迪思在《企业生命周期》中把企业生命周期分为十个阶段,更具有科学性,即:孕育期、婴儿期、学步期、青春期、壮年期、稳定期、贵族期、官僚化早期、官僚期、死亡。爱迪斯准确生动地概括了企业生命不同阶段的特征,揭示了企业生命周期的基本规律,阐明了企业生存过程中基本发展与制约的关系,并提出了相应的对策。

企业生命周期理论的研究目的就在于试图为处于不同生命周期阶段的企业找到能够与其特点相适应、并能不断促其发展延续的特定组织结构形式,使得企业可以从内部管理方面找到一个相对较优的模式来保持企业的发展能力,在每个生命周期阶段内充分发挥特色优势,进而延长企业的生命周期,帮助企业实现自身的可持续发展。企业生命周期理论的目的不仅仅是要说明企业成长的阶段性及其特点,更重要的是根据企业生命周期各阶段的特点和行为方式,建立与之相匹配的组织架构、治理方式以及企业文化等,使企业的生命得以延续。"好的管理不是马拉松比赛,而是一场接力赛"。不同生命阶段有不同特征,可能还会有不同的领导人,每一个阶段都能跑好,企业才能不断突破,实现可持续发展。

杰弗里·摩尔从消费者角度揭示了企业生命周期的规律,他在《跨越鸿沟》中描述了高科技产品在走向市场的过程中消费者的态度对企业的影响,使用了"钟形曲线中的裂缝"的概念。不同消费者类型对待产品的态度和行为不同,会导致两类群体之间出现空隙,即"裂缝"。"曲线上的每一个裂缝都代表了企业的营销力量可能失去前进势头的一个时机,这样一来,企业就不能够顺利地过渡到新消费者群体,从而无法达到中间这个'梦想的国度',也就更无法获得遥遥领先与其他竞争者的边际利润率。"也就是说,企业的每一个"裂缝"都可能导致企业的死亡。

而从企业文化的影响角度看,伊查克·爱迪思生命周期理论中,孕育期、婴儿期是企业文化的自然发展期,企业家的绝大部分精力都在产品的策划、研发与生产以及其他筹备方面,企业文化的建设主要通过员工招聘的把关,通过业务培训等自然形成,而最后的死亡是结果,企业文化已经很难发挥作用,所以学步期、青春期、壮年期以至官僚期,企业文化都起到十分关键的作用。这里说的"关键",是指通过企业文化的变革,可以高效地影响企业发展中的战略、组织架构等其他要素,进而影响业务绩效,实现更快地跃升到更高的阶段,在稳定期延续更长的时间。企业文化变革成功可以有效提升绩效,反之则降低绩效,甚至企业难以跃升到下一个阶段。这与杰弗里·摩尔所说的"裂缝"角度不同,本质上是一回事。

再回到本节开始的国家工商总局报告所揭示的问题,为什么我国中小型企业的寿命如此之短?原因可能多种多样,比如消费者对产品不认可,企业管理不善,未形成良好的运营模式,在这诸多原因中,企业文化没有及时有效变革,导致企业管理不能适应企业发展的新阶段,是其中最重要也是至今未被充分重视的原因。

企业生命周期的每一个阶段都有其独特的文化特质,而在从一个阶段跃升到更高阶段时,适时的企业文化变革可以打破封闭的系统,有效激活组织活力,顺利实现企业生命的成长;企业文化如果未能有效变革,就会严重阻碍企业发展,甚至导致企业的消亡。

学步期的特征及企业文化的构建与变革

当创业者发现了市场机会,并通过开发产品或服务实现这种机会,他们筹集资金、招募员工、组织生产并为之承担风险,企业开始运营。企业家最初的想法开始变为现实,开始产生效益;公司销售在不断增长,有了资金流。公司活了下来,并且在一步步成长。这一阶段,企业组织架构、员工培训、产品推广以及运营等更多的是模仿成功企业的做法,同时也不断探索更适合自己的发展方式,这一阶段称之为学步期,通常也称之为创业期。

学步期企业的特征

1.机会性发展

创始人的某一个资源,社会的某一种风潮,都可能帮助产品打开市场,使公司获得了发展。大多数创始人因此认为,机会是企业生存和发展的根本。于是不断寻找机会,有时为了机会,可能会在不同方向发展,导致管理跟不上,这很可能给公司运营带来麻烦。

2.以销售为导向

在学步期,企业的所有工作都围绕着销售开展。必须靠销售解决资金不足的问题,靠销售鼓舞团队的士气。创业者要不断推销自己的产品,不断扩大市场,缩短资金周转周期;围绕销售扩大队伍,培训员工。企业的重心就是不断扩大销量。企业的组织架构、人才评价标准等企业运营的所有指标都是以销量作为标准,销量高的员工就是企业的英雄。

3.员工之间及员工与领导的关系密切

这一时期企业的业务相对简单,目标明确,大家也都是从不同的地方来到这个企业,更多地表现出优秀的一面,企业内充满浓浓的温情,相互之间直呼其名,没有什么高低之分,俨然像个大家庭。

4.创新精神强

这一时期的商业模式还没有完全形成,产品和服务都需要时间打磨。产品刚刚上市,消费者认知度不高,必须不断推出新方法,吸引消费者。从运营角度看,企业处于求生存阶段,必须采取灵活多变的经营战略,不断调整创新,开发产品,以便迅速在市场站稳脚跟。

5.调整多,变化快,创始人不可或缺

企业不是按部就班运作,组织需要灵活应变。处于这一阶段的企业,对未来有明确的期盼,但多还没有形成真正的愿景,更缺少明确的经营方针和管理制度;即使有,大多是某一具体事务模糊的表述。正如伊查克·爱迪斯所说的那样:"企业的整个管理制度可能是写在一页信封的背面放在创业者的马甲口袋里。"企业的领导者和管理者基本上是创业者,他们个人的作用突出,管理形式上人治色彩浓重。企业员工较少,各种契约关系简单,沟通以口头为主,信息传达速度快而准确,决策权高度集中。

学步期企业文化的构建与变革

这一时期的很多做法都会对企业未来发展产生影响。一些人物和故事在未来会被反复提起,一些做法会成为以后做事的习惯。这一时期形成的做事方法、风格,我们称之为"文化基因",大部分都将被延续、传承。随着业务的展开,新员工不断增加,会带来不同的文化。因此,这一时期要有意识地构建、持之以恒地培育企业文化。创业者不能消极地等待健康良好的企业文化自然而然地形成,而应积极寻求、精心表达、全力以赴、坚持不懈地进行培育,使企业快速健康地进入其生命周期的下一阶段。同时,企业由学步期向更高阶段跃升,企业文化就要变革。

学步期企业应以终为始,着眼长远,构建企业文化的基础体系,包括理念系统、视觉系统、行为系统,通过价值观塑造构建健康的企业文化基

因。要明确企业的使命、愿景,结合企业的行业、产业和业务特点提炼出有社会意义的价值观和以此为中心的理念体系。

学步期企业文化往往是以"家文化"为特征。这与企业在这一阶段的发展特点是相适应的。这种文化强调人际关系,企业就像一个大家庭,员工彼此帮助,忠心与传统是重要的价值观。作为"家长"的企业领导者的创业意识、经营思想、管理风格以及其胆量、魄力、品格对家文化的形成具有重大影响。

学步期企业文化要主动变革,有计划地向青春期跃升。工作的着力点要体现在以下几个方面:

"家文化"要主动积极地向组织文化转变。学步期的企业文化的氛围和个性是完全依据企业家个人的领导风格和行为个性而塑造的。比如老板相信产品导向,那这个企业就是"产品导向文化";老板喜欢罚款,就是负向激励文化;老板低调务实,企业也低调务实;老板讲信用,整个企业就讲信用。整个企业的风格完全和企业家融为一体。

"家文化"在企业学步期对聚焦业务、凝聚员工都起到积极的作用,但随着业务的拓展、员工的增加,其人情化、封闭性、制度模糊的特点会越来越突出,与市场发展、企业发展的要求相脱节,会越来越阻碍企业发展。取代"家文化"的将是一种契约文化、制度文化。组织成员形成共同的价值观,并由此衍生出系统的行为规范。

人的管理要主动积极地向制度管理转变。创始企业家往往具有敢于打破常规、不按常规出牌的天性,学步期的企业规则是基于企业家个人的规则,而不是组织共识上的规则。这一时期也会根据发展情况制定一些制度,但制度往往不能得到持续的执行,重要的原因是,老板个人可以凌驾于组织规则之上,制度只针对别人,不针对自己,只约束别人不约束自己,而且朝令夕改,所以整个组织缺乏对规则的敬畏感。

制度化管理就是所有员工包括创始人都在规则之下工作,既是组织规则制度的倡导者、制定者,又是率先垂范者和践行者。规则一旦制定,就要持之以恒地遵守,个人不可能凌驾于组织之上,更不能随意改规则。

优秀的企业文化既有创始企业家的个人烙印,但又不完全是,其文化更具包容性、开放性和创新性,应该是全体员工共同参与的结果。老板个人价值诉求和个性风格对这个企业有深刻影响,但影响要有边界。封闭的"家文化"要向健康的组织文化转变,才能更加包容和开放,容纳更多人才,吸收更多优秀文化,使企业健康持续成长。

青春期的特征及企业文化构建与变革

青春期最大的特点是士气高昂,眼中没有困难,用"狼文化"表述可能比较恰当。事实上许多企业在这一时期也特别强调"狼文化"。激情的背面是迷茫,老员工常常看不惯新员工,创始人也对职业经理人有很多怨言,常常斥责他们"花架子""中看不中用"。新情况、新问题层出不穷,看似有道理的方法往往无效。

当企业进一步发展壮大,其产品已在市场上立足,企业内部有了较为系统的部门划分,企业业务的拓展超出了创业者个人能力所能把握的范围,创业者开始改变学步期那种事必躬亲的管理风格,进行必要的授权,企业就进入了青春期。爱迪思说:"在许多方面,这时的公司类似于那些力图离开家庭寻求独立生活的十几岁的青少年。"创始人努力朝制度化、规范化发展,但往往不彻底;企业试图摆脱"家文化",但往往还有藕断丝连的留恋。

青春期的关键任务是组织制度作为核心的制度文化建设,才能避免陷入"创始人陷阱",由"多就是好"向"好就是多"转变。正如《大学》所言:"知所先后则近道矣。"

变革成功,青春期会顺利跃升到壮年期、稳定期;变革失败,可能退回学步期或直接进入衰老期。

青春期企业的特点

1.发展进入快车道,但常常面临新的困难和挑战

进入青春期,企业的产品已在市场上立足,受到顾客认可;市场不断扩大,企业人力资源、技术、品牌、商业信誉等无形资产也在急剧增加;企业的有形资源,如厂房、机器设备、资金等具有了一定规模;有的企业开始尝试多元化。处于这一阶段的企业有很强的活力,也具有较强的实力,发展速度较快。但市场还不能说完全成熟,依然会面临很多新的困难和挑战,但凭借士气与活力,问题往往会被顺利解决。

2.管理上开始尝试放权,但创始人往往很难放下

在学步期,许多创始人往往身兼多职,既是总经理,又是首席销售员、产品研发、财务会计。随着企业规模的扩大,管理活动的复杂程度已超出了创业者个人能力所能驾驭的范围,他们开始放权,扩大参与决策的人数,引入职业管理人员,帮助企业进行科学决策。企业内部的规章制度日渐完善,管理组织结构发生变化,逐步由集权制向分权制发展。但创始人常常难以从过去的管理方法中超越,常常与内部成长的新的管理者或者职业经理人发生冲突,这种冲突甚至会发展到难以调解。所以这一时期极容易出现创始人分家、主动离职或被迫离职。乔布斯离开苹果就是著名的案例。

3.创新能力强,敢于冒险

在青春期,企业不仅继承了学步期创新能力,而且敢于冒险,具有把创新能力迅速转化为生产力的资金和技术实力。据有关资料表明,处在青春期的大中型企业里,创造发明的成果平均只需要 2 年就可以投入使用,而在壮年期的大企业里,创造发明的成果平均需要 4~5 年才可能被使用。

处于青春期的企业改变了在幼稚期以销售为导向的短视行为,注重长远利益,注重客户关系的维护,建立起以客户为中心的企业战略,为了满足不断变化的顾客需求,进入新的利润区,企业不断开发新产品,有的企业进入多元化。

青春期企业文化的管理与变革

1.用共享的使命、愿景和价值观凝聚员工

共享价值观(shared values)是指组织成员对组织存在的意义、经营目的、经营宗旨的信念与看法,是全体员工共同的价值准则。只有在共同的价值准则基础上才能产生正确的价值目标,有了正确的价值目标才会有奋力追求价值目标的行为。因此,共享价值观决定着员工行为的取向,关系到组织的生死存亡。

企业价值观是企业经营管理者和员工共享的群体价值观念,它决定和影响着企业存在的意义和目的,是企业各项规章制度的价值和作用的评判标准,为企业的生存和发展提供基本的方向和行动指南,决定了企业全体员工的行为取向。托马斯·彼得斯与小罗伯特·沃特曼《追求卓越》中提出:"一个组织与其他组织相比较取得的任何成就,主要取决于它的基本哲学、精神和内在驱动力,这些比技术水平、经济资源、组织结构、革新和选择时机等重要得多。"

同时,企业倡导的价值观只有转化为每一位员工的信念,才能成为企业实际的价值观;如果仅仅停留在口头上、仅仅挂在墙上,它不仅对企业发展没有作用,还会扭曲、损伤企业的形象。企业价值观转化为全体成员的信念的过程,就是让员工接受并能够去自觉实施价值观的过程。在这一过程中,企业家和企业的领导者的作用是举足轻重的。他们要以身作则、言行一致、恪守自己所提倡的价值观。只有领导者做出了好的表率,对员工才有说服力。这就要求企业领导者应在日常经营管理中不断向员工宣传企业价值观,详细地对员工说明企业的行为准则。通过言传身教和各种活动、制度等形式,使员工对企业价值观产生内心的共鸣,把企业价值观转化为内心的信念。

企业价值观得以实现,一个重要措施就是充分沟通。在企业内部充分利用各种沟通渠道和手段,使员工对共同价值的思想在精神层面得到充分交流,把内心情感尽可能多而真实地表现出来,在工作中更好地调整好自己的位置、行为和心态,增强自信心与责任感。这样,企业价值观作为企业文化的管理理念,即一种以全体员工一致认同的社会价值取向为中心的精神文化。通过引导员工提高对企业价值观理念体系的认同度,并转化为个人的人生价值观取向,使企业获得巨大的向心力、凝聚力和社会价值认同,使企业增强对外经营及对内管理运作的适应力和竞争力。同时,将企业凝聚力的打造,转移到依赖文化力形成的认同感上来,从根本上改变过去那种简单依靠工资福利、依靠对人的需求满足、依靠企业承受环境挑战来维系组织内部稳定性的传统做法,使企业凝聚力的打造,建立在依靠企业使命、愿景、价值观体系的落实和提高企业员工文化认同感的基础上,进而增强员工的安全感、归属感、成就感,从根本上激发企业的创新发展能力。

2.管理:从创业思维向专业化管理转变

创业思维强调新产品、新机会,"多就是好",产品越多越好,销量越多越好。实际上,任何公司都会在发展中受到自身的人力资源、社会环境等条件的限制,会形成自己的核心竞争力,不可能无边际地发展。盲目自信,超越自己的边际能力的发展举措,会遇到困难、问题甚至灾难。所以这一时期要不断清晰自己的商业模式,明确自己的核心竞争力,形成以目标、任务为基础的组织机构和管理制度,并强化落实。在组织架构上,要求企业建立较为规范又不失灵活性的组织形式;在控制权上,要求企业培养战略眼光,适当放权,在组织中形成一种民主决策的氛围,激励员工积极参与决策。其目的就是在企业中建立快速灵活的反应模式,决策能迅速下达并付诸实施,顾客及市场的反馈信息能够迅速上传,以便企业领导者做出正确的决策。

3.形成以顾客为中心的工作流程和价值链

处于青春期的企业对市场规律有了进一步的理解,开始把企业关注的重心从内部转移到了外部,也就是说越来越关注顾客的需求。企业要主动积极地从以产品为中心向以顾客为中心转变,一切活动都是以顾客为导向的;要主动积极地改变价值链的方向,即从资产—投入—产品—渠道—顾客,变为顾客—渠道—产品—投入—资产,因此,青春期企业要构建与其特点相适应的工作流程,形成以此为基础的文化。这种文化强调创新,要求企业不断开发新产品以满足顾客不断变化的需求,但创新是以顾客需求为目标的,同时创新不能过度,要充分考虑边际能力和投入产出比,更不能把多元化视为创新。

4.建立企业文化日常管理机制

日常管理机制就是企业文化在日常工作中发挥指导与促进作用的机制,就是将企业文化所倡导的理念通过制度化和规范化的方式,自上而下体现在领导决策、业务流程、工作规范、人际关系、组织氛围等各个方面,使企业文化成为指导企业所有人员日常工作的行为准则,使员工在日常工作和生活中的每一件事上都能体现出企业文化所倡导的价值理念。为此,企业必须建立与员工日常行为相联系的激励、考核和评价机制,使员工在这套机制的引导下,不断修正日常行为。此外,企业文化理念的沟通与传播也应通过制度化和规范化的方式实现日常化,使员工时刻处于浓厚的企业文化氛围中,在耳濡目染中改变自己的价值观念和行为方式。

壮年期/稳定期的特点及企业文化变革

企业经历了青春期的高速发展以后进入一段相对平稳的发展期,制度和组织结构能够充分发挥作用,销售、盈利双增长带来的产品生产、团队建设等压力,企业都能承受,规则、纪律和灵活性逐步走向平衡,企业就进入了壮年期。这一时期是生命的最佳时期,精力充沛,目标明确,知轻重缓急。壮年后期,企业的增长趋于稳定,逐渐进入稳定期。壮年期与稳定期很多表现是一样的,只是稳定期行为更加保守,各项指标更加稳定。所以我把这两个时期放在一起来讨论。

壮年期的企业具有以下特点:

1.具有清晰的愿景和价值观

处于壮年期的公司的发展方向明确,早期的更多创始人个人色彩的目标逐步被共同的愿景代替,指引和领导公司前进的是它的愿景,也是全员一致认同的公司存在的理由,是公司为之奋斗的长期目标。全体员工都相信,他们在做一件重要的事,不仅对每个人的发展有意义,而且对社会的发展有价值。在战略层面,知道自己现在和未来做什么、不做什么,业务发展有明确的边界,不会做边界外的事情。

2.具有完善的企业制度和组织结构,并能充分发挥作用

在壮年期,制度逐渐取代了领导者个人魅力,成为企业的核心控制力,企业的一切活动都有章可循,并已形成习惯方式,企业的创造力和开拓精神得到制度化的保障。

3.销售和利润不断增长

学步期企业这两个目标不可能同时实现,这一时期往往越是提高销售额,利润越是下滑。因为学步期的团队能力还需要不断建设提升,市场份额还需要进一步开拓,这些都无法满足实现利润的相关要求。处于

壮年期的企业,一方面不断扩大销量以保护自己已获得的市场地位;另一方面,在增加销售的同时可以通过各种手段降低成本,以应对激烈的市场竞争,实现利润最大化。因此,这一阶段企业的财务状况较好。

4.有较强的凝聚力和整合力

这一时期人与人之间相互信任、相互尊重。虽然也有冲突,但更多的是针对业务的意见不一致,一般不会上升到人际冲突,不会影响团结。由于团队能力较强,新的业务单元较容易形成新的利润中心。

内部凝聚力有利于外部整合。壮年期公司与顾客、供应商都有着很好的关系,品牌知名度、美誉度等都在不断上升。业务容易开展,即使是并购类的业务也容易成功。

5.壮年期/稳定期的问题:创新精神减退,思想日趋保守

壮年期公司一般资金充沛、人才济济,商业模式、企业文化得到固化,组织体系的完善使企业对外部人力资源的封闭和排斥倾向大于开放和吸纳,导致员工思想固化和缺乏活力。人们越来越因循守旧,习惯于按老办法办事,一些新奇的想法被看成另类。与早期不同,管理者在办公室的时间越来越多,在生产一线、销售一线的时间越来越少,与员工、与客户交流的时间越来越少。不再研究市场变化,不再研究客户需求。人与人之间的关系逐渐变得复杂,人人小心翼翼,办公室政治开始出现并逐渐蔓延。

因此,企业在壮年期孕育了衰败的种子,正如俗话说的:"果子在青的时候还在长,熟的时候就开始烂了。"壮年期公司发展到晚期慢慢进入稳定期,仍然很强大,好像保持着发展的惯性,但开始失去灵活性和进取精神,创新精神减退、思想日趋保守,但在繁荣的光环下很难发现,就算发现也很难引起重视,就算引起重视也很难解决。

壮年期/稳定期企业文化变革的方向：保持创业与创新精神

如何让企业保持在壮年期，延缓衰落期的到来，是这一时期企业文化工作的方向与重点。这种文化强调协作精神，在内部要打破部门之间的"墙"，建立跨部门的团队，保持创新精神，防止和克服骄傲自满情绪；倡导以顾客为中心，关注顾客需求和市场变化，为顾客创造区别于竞争对手的价值，提高顾客满意度，进而使顾客保持忠诚度，维持及提高公司产品和服务的市场份额。

1.重新规划愿景，强化以顾客为中心的文化

壮年期容易盲目自信，甚至开始多元化发展。这就会削弱企业的核心竞争力，弱化前期形成的以顾客为中心的文化，甚至出现损害顾客利益的行为，为以后的失败埋下种子。这时应该调整公司的愿景，设定更高的目标，强化以顾客为中心的文化。目标本身就具有激励作用，能把人的需要转变成动机，使人们的行为朝着一定的方向努力，并把自己的行为结果与既定的目标相对照，及时进行调整和修正，从而实现目标。比如微软在不同发展时期都提出了内涵更加丰富的愿景，促进了企业的创新精神(可参阅本书第二章第二节相关内容)。

新的目标一定与现在的目标有差距，比现在的目标更高，更能激励人；同时一定是员工参与制订的，是每个人的目标。

2.加强价值观教育，强化企业文化考核体系

价值观的形成是一种认识的累积过程，它不仅需要时间，而且需要不断给予强化。壮年期良好的业务发展很容易造成一种错觉，认为只要有好产品，就会有理想的发展，忽略价值观教育，忽略团队精神在发展中的作用。而实际上，内部矛盾的发生很多时候正是因为共享价值观的缺失造成的。这一时期，要把强化价值观教育要作为一项重点任务抓好落实。

价值观教育形式要丰富多彩，贴近员工的生活，防止企业文化与业

务发展出现"两张皮"的现象,做与说出现"两张皮"现象。让价值观教育真正落到实处的一个重要措施,是强化考核。壮年期不缺少考核制度,但往往忽略以价值观和核心的企业文化的考核。要建立价值观教育的日常工作机制,并实行责任公开、考核公开,在内部营造一种公开透明的氛围。

在企业文化建设中实行责任公开制度,可以形成有效的外部监督,使责任约束"硬化",从而解决企业文化系统运行过程中可能出现的内部能量衰减问题,激励公开制度有利于增强利益诱导效果,公开激励结果有利于扩大激励的影响,更好地发挥先进的示范和带动效应。

建立公开化机制首先应建立健全企业文化信息公开制度,使企业各部门及个人的企业文化建设目标、责任、考核指标、激励制度、执行和考核评价结果等有关信息都公开透明,且有制度保障。

企业文化建设要强化宣传,从企业文化方案的形成,到典型人物和典型事件的表扬、奖励等,都应举行公开的仪式和宣传活动,不仅有利于形成企业文化的氛围,同时有利于形成内部激励和外部监督共同作用的机制。

3.建设学习型组织,弘扬创业创新精神

壮年期的成功同时会滋长惰性,而破解这一问题的方法,除了设定更高的目标,其次就是加强学习。学习型组织是指通过培养弥漫于整个组织的学习气氛、充分发挥员工的创造性思维能力而建立起来的一种有机的、高度柔性的、扁平的、符合人性的、能持续发展的组织。这正是知识型组织的理想状态,是知识型组织的实践目标,这种组织具有持续学习的能力,具有高于个人绩效总和的综合绩效的效应。

学习型组织建设从员工培训开始。由于在学步期和青春期,企业以生存为目的,以销售量为导向,员工培训严重不足,导致员工的价值观不统一,知识老化,与企业创造性的需求不适应。改变这一现象,保持企业的活力、创造性和稳定性,就必须重视员工的培训和提升。新员工的补充变得十分重要,对培训的需求更多、更高,人力资源部门在壮年期日显重要。

贵族期/官僚期的特征及企业文化变革

称之为贵族期,是因为这一时期最主要的特点是:有钱、讲究、安于现状。贵族期企业效益增长速度变慢,但"不差钱";一方面因为市场销量稳定,一方面不再有较大的创新性投入。贵族期资金充裕,早期也会通过兼并收购来扩大规模,但往往会因为文化的冲突,在后期的管理运营中失败,变成负资产。因此,贵族期的公司会更加小心翼翼,把投入限制在最低程度,把变化限制在最低程度,人员关系、业务发展更强调稳定,人们几乎不会提出有风险的建议,个别的创新往往会被否定。员工尤其是高管更加注意着装,企业更加注意外部形象,要面子,讲排场。企业在稳定期显现出的创新精神衰退、思想日趋保守的特点进一步凸显,并成为制约企业发展或导致企业衰败的致命因素,企业产品的市场份额被竞争对手蚕食,顾客流失率上升而忠诚度降低,企业很难采取有力的措施,因为新的措施往往意味着风险,谁也不愿承担风险,于是利润开始下降甚至出现亏损,企业进入贵族期。贵族期进一步发展就进入官僚期。官僚期与贵族期相比,经营效益更差,其文化的表现都趋向于保守,程度上更严重,内部权力斗争扩大。许多问题被压制或故意回避,有能力、有创新精神员工的纷纷离职。所以本书把贵族期和官僚期的特点与变革一起探讨。处于贵族期/官僚期的企业管理表现出以下几个特点:

1.制度繁多,制约了灵活性和竞争力

处于贵族期/官僚期的企业有最完善的制度、程序、规定和表格,强调上下级关系,重视组织机构的正规化,稳定和持久是其重要理念。工作强调的是规范,是过程,没有成果导向的概念、没有变革的意向也没有团队协作的精神。很多情况下,员工工作的目标是完成各种表格的填写,至于结果会怎样,大家都不关心;管理机构庞大,决策过程复杂,一些有风险的项目常常被否决。慢慢的,没有人再提出有创意但有风险的建议。

企业沉醉于昔日的辉煌,对构筑发展远景失去兴趣,没有人愿意进行深入的市场调研以及与顾客的沟通,对市场需求的变化反应迟钝。各部门只关心自己的利益,只重视正确地做事,而不是做正确的事,导致矛盾增多,协调困难。有争议的问题,甚至已经出现的问题和矛盾,被回避、被搁置。一些有创新精神的员工纷纷离开。

2.市场地位、竞争力下降

企业管理者是通过研究会计报表而不是经营市场去获得利润最大化。为了使利润最大化,企业开始削减广告、研究和开发等费用,而这样做的结果是导致那些激发企业灵活性和创造性的因素丧失,导致与顾客、与市场的距离逐渐加大,所有决策都是靠经验,拍脑袋;利润不断下降,企业逐渐进入一种恶性循环状态,负债增加,财务状况恶化。

3.创新精神丧失

管理层求稳怕变,员工思想安于现状,墨守成规,缺乏新思想的输入,导致"思想僵化症"的出现。谁都不愿意承担创新的风险。在产品和工艺上,缺少对新工艺、新材料、新技术应用的勇气,很难抓住机会进行技术和产品的更新改造,或无力进行大规模的更新改造,导致工艺落后、设备陈旧、产品老化。

处在贵族期/官僚期的企业表现出明显的稳定性。但这种稳定性是通过遏制创新、牺牲那些激发企业灵活性和创造性因素而得到的。经营管理关注内部,主要表现在烦琐的制度和程序,而不是创新的思想、开拓性的工作。这时期企业上下弥漫着官僚式的组织文化。

贵族期/官僚期企业文化变革方向：强化危机意识，激发创业精神

贵族期最重要的特征是安于现状，像一只"温水里的青蛙"，对外部的变化、内部的问题视而不见，而到了官僚期，问题无法掩盖时，管理层开始内斗，从互相推诿到赤裸裸的争斗，全然不顾销量的急剧下滑和优秀员工的离开。这时候，需要有强有力的一把手，需要有强有力的管理团队。要加强危机教育，唤醒斗志，激发创业精神。

贵族期/官僚期企业变革的重点是实现蜕变，进入第二次腾飞。因此，这一时期要建立一种让企业蜕变的组织文化。这种文化强调危机意识、企业内部系统之间的相互联系，建立跨部门团队，以便快速灵活地对外部环境做出反应，强调实现组织目标的前提下，部门目标和个人目标的最大化，克服只关注本部门以及个人目标的短视行为，实现公司的整体目标。

1.调整组织，传递危机，以变革创造机会

危机意识是清醒剂，能让人在危机来临之前保持清醒。昨天的辉煌并不意味着今天的成功，人最好的时候可能是噩梦的开始——"危机"往往就是这时悄悄来临的。危机意识会让我们不满足现状，持续不断地挑战自我，向更高的目标迈进。危机意识会促进人的进取意识、改革意识。

建设一个有变革意识领导班子是第一项任务。首先，一把手要有危机意识，管理团队要有危机意识，在危机意识之下，才能下决心变革；全员都要有危机意识，没有危机意识，改革方案就很难推行。对于那些故步自封、阻碍变革的人，尤其是领导干部，要及时调整，甚至清除。

要集中一段时间在全员进行以危机意识教育为主题的活动，分析形势，查找问题，为改革做好思想准备。

2.减少控制,鼓励创新

必要的制度和程序是企业健康发展的保证。而官僚期的制度和程序变得越来越僵化,加上对风险的刻意回避,制度就变成了推诿的工具,成为创新的桎梏。这一时期企业文化建设,首先要花大功夫对"创新文化"进行诠释和宣传,尤其是对创新文化的重要意义要充分宣传,通过各种会议、强制培训和考试等形式让员工明白创新文化对企业发展的意义。

管理者不仅要考虑"创新文化是什么",更要思考、规划"创新文化怎么做",在现实基础上思考"树立创新文化"需要在管理上做出哪些调整,并为企业高层管理者提供可执行的、有价值的方案。

(1)公司在保持良好的规范管理健康运营的基础上,减少控制环节。

(2)允许失败,宽容失败。强调危机意识但不回避风险,强调"一次就做好"的价值观是难以培养创新文化的。

(3)鼓励创新,奖励创新。只要有创新成果,哪怕是小的成果也要及时奖励。

(4)改革考评体系,改革人才晋升体系,把敢于创新、善于创新的人提拔到管理岗位上来。

3.聚焦产品与市场,用打胜仗提升士气

发展是公司的第一要务,制度建设、团队建设等等,都是为了拓展市场,提升销量,实现全面发展。管理团队要制定清晰明确的工作目标与规划,把公司的资源、工作的中心转移到产品与市场,迅速改变市场萎缩的局面,用打胜仗鼓舞士气,并以此加大变革的力度,提升变革的层次。

【案例】IBM 的四次蜕变

在过去的一个世纪里,许多曾经显赫一时的企业倒闭了,而 IBM 虽然饱经沧桑,不仅没有死,而且成长为引领并驾驭产业需求的巨型企业

代表。IBM 靠的是什么?

从成立之初的打孔卡制表机、钟表、秤等,到 20 世纪中叶的 System360,至后来的个人电脑、软硬件服务,IT 解决方案、战略咨询,直至今日的认知解决方案和云平台,IBM 总是在不停地自我超越、自我颠覆,总能把握前沿,随需而变。对于 IBM 而言,变革是永恒的主题,是成长的动力。

1.第一次蜕变:从穿孔卡片到大型计算机

IBM 成立于 1911 年,当初的名字是:计算机列表记录公司(Computing Tabulating Recording,简称 CTR)。其主营业务是穿孔卡片数据处理设备,其他包括员工计时系统、磅秤、自动切肉机,一段时间 CTR 集中精力专做穿孔卡片,不再参与其他活动。公司生产的穿孔制表机,原先只是用于美国人口普查使用。1924 年 2 月 14 改名为国际商用机器公司(International Business Machine,简称 IBM)。

20 世纪 40 年代末,电子计算机和磁带的出现,使 IBM 第一次面临战略转型。可是包括创始人老托马斯·沃森在内的管理层却对此有所顾虑。当时,一名资深员工对第一代磁带驱动器的开发者说:"你们年轻人应当记住,IBM 是一家基于穿孔卡片的公司,公司发展的基础将永远是穿孔卡片。"

IBM 蜕变归功于小托马斯·沃森。他于 1956 年接替父亲出任掌门人之后,以大型计算机作为目标,才使公司完全拥抱电子时代。

在小沃森的领导下,IBM 成为当时全球最大的计算机制造商。他将公司的研发力量全部集中在第一代大型机 System360 的研发上。这项技术耗时数年,研发资金达 50 亿美元(按照 20 世纪 60 年代的美元价值计算),投入甚至超过了美国政府研发原子弹的"曼哈顿计划"。1964 年,System360 推向市场,很快就成为领先的计算机平台。

1969 年,IBM 的计算机市场份额增至 70%,成为第一家被称作"邪恶帝国"的大型 IT 公司,并引起了美国反垄断部门的起诉。最终,起诉被里根政府否决。

2.第二次蜕变:从大型计算机到分布式计算系统

第二次蜕变是从代价昂贵的大型机转向包括个人电脑在内的分布式计算系统。IBM 在此次蜕变中遭遇了更大的惊险。当时,技术革新开始威胁 IBM 近乎垄断的地位。更严重的是,IBM 赖以为生的依靠出租大型机以获取高额租金的业务模式受到了严重冲击。

就像柯达固守胶卷相机的高额利润不愿进行蜕变一样,由于大型计算机业务利润很高,IBM 迟迟没有推出相对廉价的分布式计算系统。20世纪 90 年代初,竞争对手的分布式计算系统投入市场并迅猛发展,IBM 因此彻底崩溃。1993 年,IBM 大型机业务收入从 1990 年的 130 亿美元减少至 70 亿美元,公司亏损额达 160 亿美元。当时,比尔·盖茨甚至放言:"IBM 将在几年内倒闭。"

新任 CEO 郭士纳却对蜕变充满信心。"谁说大象不会跳舞?"他彻底摧毁旧有生产模式,开始削减成本,调整结构,重振大型机业务,拓展服务业范围,并带领 IBM 重新向 PC 市场发动攻击。最终,IBM 从昂贵的大型机转向包括个人电脑在内的分布式计算系统,Think pad 更成为优质笔记本的代名词。1995 年,"蓝色巨人"重新焕发昔日风采,营业额首次突破 700 亿,是微软公司的 7 倍。

3.第三次蜕变:开创 IT 服务的新模式

在摆脱对大型计算机依赖的过程中,郭士纳发现 IBM 最大优势是做服务与软件,而不是硬件。于是郭士纳实施了第三次蜕变——开创 IT 服务的新模式。

当时,各大企业都致力于信息化方案整合和信息安全问题,IBM在这方面有强大的信誉与品牌支撑;而且,正如"IBM就是服务"的口号所言,IBM的品牌服务一直做得比较好,这是它相比其他IT企业的最大优势。因此,IBM果断把重心放在服务与软件上。

提出战略蜕变,只是第一步,关键是如何落实! 其实在IBM成功蜕变前后,联想公司在2000年,诺基亚在2006年都曾提出向IT服务蜕变的思路,可是他们都失败了,究其原因就是没有做好蜕变的配套改革措施。与之相反,IBM的蜕变不仅事先进行了详细论证,蜕变之后也立刻采取了系统化的改造工程,在文化、组织、资金、客户、技术、管理等方面做了充分准备,为蜕变成功打下了坚实的基础。

郭士纳的战略蜕变,从重申企业文化开始。IBM重新确立了一切以顾客为导向、尊重员工、追求卓越的企业文化,并纳入每个员工的绩效考核。IBM还对臃肿的组织架构进行了调整,削减不必要的机构和人员,更换了2/3的高层经理人员。在裁汰冗员的同时,IBM将最优秀人才配置到软件服务业上,实现了最优化的人才配置。

4.第四次蜕变:确立"随需应变"战略

2000年,互联网泡沫破灭殃及计算机、通讯等行业,到2002年第一季度,IBM已经连续三季度出现利润及营收下滑,下滑幅度达到十年之最。

此时,彭明盛上任CEO,提出了"随需应变"的战略:退出PC硬件业,全面进入知识服务、软件和顾问等服务市场,向客户提供任何需求的任意解决方案。

战略有"取",更要有"舍"! IBM第四次蜕变的第一步就是全面退出PC业务(卖给联想集团)。同时,对"IBM就是服务"的品牌理念进行了深化,不再只强调IT服务,而是涉及企业的各项业务,提出任何需求的任意解决方案。为了强化服务水平,IBM 收购普华永道以及多家软件公司,力求通过打包齐全的软件产品,向客户提供从战略咨询到解决方案的一体化服务。

IBM 的四次战略蜕变,并不是为适应市场的变化而采取的权宜之计,而是一种从经营理念到企业结构再到运营模式的根本性转变,是企业文化的深层次变革引领企业战略的变革,这也正是它真正实现蜕变的关键所在。

5.3 企业并购与企业文化变革

企业并购已经成为企业快速扩张的重要手段。但许多研究表明,从并购后的长期经营绩效来看,中国企业并购的成功率是相当低的。有统计数据表明,并购成功的比例不超过 20%,也有的统计结果是在 50% 左右。

导致并购失败的原因,从企业自身的角度看,可归纳为并购前的决策和并购后的整合、运营策略:

第一,并购前相关因素考虑不周,准备工作不充分。主要体现在未充分考虑并购双方在经营业务上的战略匹配性不强,技术评估失当,以及对并购后协同效应过于乐观而导致的过高的并购支付。

第二,并购双方组织匹配性差,具有不相容的组织文化,具体体现在价值观、管理风格、经营理念等方面的差异,同时并购以及整合过程中缺乏有效的沟通和协调,不能化解组织文化的冲突,导致双方组织文化难以有效整合。

第三,并购后缺乏有效的整合计划设计和执行,整合过程中管理和控制失当。

第四,并购前后将注意力过于集中在短期财务利益上,没有充分考虑和利用"人的因素",譬如有效的领导与高层推动,获得员工对组织的承诺,投入专业人才,有效沟通等方面。

这四项原因中,后面的三项都与企业文化有关。有研究表明,在并购的失败案例中,80%左右直接或间接起因于企业文化整合的失败。为什么企业文化在其中如此重要?这与并购企业的企业文化表现出的双重特征有关。

并购后企业文化的表现

一是企业文化的独特性与稳定性。企业并购后往往会在组织架构、战略等方面进行调整,但员工主体不会有太大变化,企业文化依然保留着其发展中带来的独特性和稳定性。

任何企业都会形成区别于其他企业的文化。企业文化是一种客观存在,只有优劣和高低之分,没有有无之别。由于行业、产业、所有制、区域、历史文化的不同,不同的企业文化的差异性较大,这就是企业文化的独特性。由于企业文化主要是一种意识形态的东西,具有较强的历史延续性、变迁的迟缓性。在企业并购后,各种不同的企业文化不可能像设备更新、资产重组那样容易变动和整合,这就构成了并购后企业文化的多样性。它们往往在很长的一个时期内继续存在并发生作用。新旧文化之间发生冲突和摩擦,成为整合的障碍。

二是并购后的企业文化具有积极性和消极性两个互相对立的特征。积极的方面表现为企业文化的各个层面顺利整合,优势互补,并在此过程中培养、选择为双方认同的价值观和行为准则。例如强强并购中,双方都消除了自己的自大心理,在相互的了解中,吸纳对方的精华,从而在双方原有的企业文化精华的基础上创建出更强劲有力的企业文化。消极的方面表现为并购后的不同企业文化发生冲突,产生阻碍企业发展的不利因素。在力量相当的并购中,因为双方实力旗鼓相当,容易产生不服输的状况,双方都认为自己优秀而拒绝接受新的文化与沟通,导致双方不能相互了解,影响并购后的企业文化的建设与贯彻,从而出现强强并购后业务不强,弱弱并购后竞争力更弱的状况。

企业并购的文化整合具有渐进性,需要经过一定的磨合期,不可能一蹴而就。而且双方整合的过程表现为一种特殊的逆向性,即并购企业的物质文化、制度文化首先整合,而非精神文化物化的结果。企业文化的建设与成长,一般遵循着精神文化—制度文化—物质文化—新的精神文化—新的制度文化—新的物质文化的循环运动规律,不断提升,不断发展,而并购企业的各文化层次的整合,却恰恰与此相反。企业并购后总是先进行物质并购,而后调整相应的制度,从而再深层次地影响企业的精神文化,具有逆向性。

并购是一项重要的战略行为,对并购企业与被并购企业而言都是一种文化的变革。并购企业在考虑业务兼容的同时,要考虑如何整合文化;被并购企业如何更快速地融入,形成协同发展,对双方都是考验。

企业并购中文化冲突的原因

首先我们了解一下文化冲突。文化是相对于经济、政治而言的人类全部精神活动及其产品,是人类由自然存在物转化为社会存在物的中介和基本特征。人类在漫长的自然界的适应与改造过程中,创造出了与动物界完全不同质的文化世界,形成了以人为核心的文化社会和自然社会。正因为人的文化化和社会化,人的情感和理念才具备人性的内容,成为人在不同文化冲突中的意义显现。离开人这个根本,一切文化都将失去意义和价值。所以,人不仅是文化的主体,也是文化不断创造、不断发展和完善的目的。美国人沿着西方文化的发展路径,在其不断发展中培育成美国式的真诚与乐观的人性内容;中国人在悠久的东方文化中生存,养成了中庸、和合的做人原则。当它们在一旦相遇构成冲突时,必然带着主体国家文化的厚重累积,成为映照他国文化鲜明差异性的参照。文化是相对静止的,而现代化又使不同文化间的交往不断增多,那么,不同文化相遇时,必然会发生冲突。

企业文化一旦形成,就具有相对稳定性,不会轻易改变,这对凝聚员工队伍、实现企业战略的稳定具有重要意义。然而,时代在发展,社会在进步在快速变化的外部环境中如果不能与时俱进,文化稳定性会发展成为禁锢力,将会阻碍企业的发展和进步,形成与新思想、新认识与文化传统之间的碰撞、冲突。人类在进步,文化也需要进步,文化的进步是伴随着科技、社会的进步,以文化的变革为表现的,是对旧文化的扬弃性否定,是在与旧文化的冲突中获得的新生。

企业文化是一种以企业为单位的客观存在,同样追随着科技、社会进步,同时又具有一定的封闭性。企业文化建设与管理实质是培育优良的企业文化、克服消极的企业文化的实践活动。企业发展中不断有新员工加入,不断有业务的合作、企业间的并购,因此,企业发展建设中必然存在复杂的文化冲突。

并购企业之间,由于在所有制、地域、规模水平、行业特点和历史传统上存在不同,作为"企业之魂"的企业文化,就具有很强的个性,相互间表现出很大的差异性。这种差异性表现在三个层次,即并购双方企业所在区域(民族)背景的差异,双方企业自身特有的文化风格的差异,以及双方企业员工个体文化的差异。一旦企业并购完成后,两种迥然不同的企业文化因为企业的运营交织在一起,必然会带来价值观念、经营思想、工作方式、管理制度等各个方面的冲突,并可能在某段时间内,存在两个相互对立的不同价值趋向的利益集团,双方因利益冲突表现为各种各样的矛盾。它的影响是全方位的、全过程的,特别是对跨国、跨地区、跨行业和跨所有制的企业并购,文化冲突会显得更加明显。在本章第一节的案例"新飞破产的深层次的原因"中,我们可以清晰地看到这种冲突。

企业文化建设中常常会遇到的文化冲突主要有以下几种:

(一)文化差异与文化距离引起企业文化冲突

文化差异是指不同文化之间的不同特点。包括东方的、西方的、传统的、现代的,一个国家的和另外一个国家的,一个民族的和另外一个民族的,等等。文化差异源于文化产生的背景和历史,有其必然性和合理性。文化差异是区分不同民族、不同国家、不同企业的重要标志,有了文化差异,就有了企业不同的经营战略,实施结果上的不同,形成不同内涵和风格的战略和经营,给经济生活带来活力。在经济全球化的过程中,企业文化受到冲击和影响,同时这种影响会反过来影响企业的经营和发展。一方面优秀的企业文化可以帮助企业树立正确的经营观念、制定正确的经营战略、凝聚员工持续发展;另一方面,也应该看到因为文化差异而导致的文化冲突,会促进或制约企业的发展。文化差异不能用"好""坏"来划分的,因为文化差异有其存在的必然性和合理性,正确的态度是相互尊重彼此的文化。

文化距离是指文化上的认同程度。它打破国家、民族、地域的界限,是真正的跨国界。在企业文化中具体表现为赞成、践行某种文化,或者反对、回避某种文化。企业因自己的发展历史形成一种独特的文化,但对其他文化依然可以保持一种尊重的态度。文化距离和文化差异概念的不同之处在于,由于企业及人们的认同感不同,对待某种文化或价值观的认识存在先进与后进的、优秀和落后的区别,企业追求的是先进的、优秀的企业文化。有了文化距离方面的认同,大家就可以接受企业伦理道德规范,负起企业的社会责任,形成国际竞争游戏规则,维护良好的市场秩序。这是以企业文化差异为背景的,也就是在保留不同企业文化差异的基础上,逐步达成共同的境界。

在跨文化研究中,荷兰学者吉特·哈夫斯德的文化分类对当今的跨文化管理研究有很大的影响。通过对 IBM 遍布 60 个国家共 16 万雇员的问卷调查,哈夫斯德发现理解文化与文化的区别可以从四个层面进行。

第一个层面是个人取向与群体取向的区别。以个人取向为中心价值的文化崇尚人的个体价值、个体责任、个体目标;以群体取向为中心价值的文化则考虑群体价值、群体目标。

第二个层面是权力距离。也就是说,在多大程度上,地位低的人愿意接受地位高的人对他们发号施令。

第三个文化层面是,对不确定情况的态度。有的文化倾向于能高度忍受模糊不定的状况,有的文化更倾向于接受确定性。

最后一个层面是文化的"男子"或"女子"气质。男子气质的文化强调对物质的追求,而女子气质的文化更强调对人际关系的考虑。

在这四个层面中,个人与群体取向的区别,被跨文化管理研究者运用得最为广泛。比如说,研究发现来自群体取向的人在分配资源和奖励时,对跟自己关系相近的人,分配的原则是"慷慨原则"。自己投入多的话,就用平均分享的分配原则;要是自己投入少的话,就用按劳分配公平原则。但对跟自己关系较远的人,一律用公平原则。而来自个人取向文化的人则倾向于对所有人都采用公平原则。

文化的冲突既可以表现为工作和生活习惯方面,也可以表现为企业战略、制度及流程方面。

我国和美国的企业文化在很多地方有明显差异。改革开放初期,在我国一家中美合资企业里,一开始,美方对中方管理人员的午休制度非常反感。但是经历一段时间的文化磨合,美方发现午休有积极的一面,中方也发现午休如不加以严格控制,也有影响工作时间和效率的负面影响。双方商定,缩短午休时间,相互沟通,就把酿成冲突的因素解决了。可以看出,午休习惯反映了文化差异。经过双方的沟通和努力,午休习惯这一"文化现象"没有改变,但双方的态度发生了变化,变成双方认可的制度。美方接受了中方企业文化中的特殊性,中方也对午休习惯重新思考,通过相互理解和尊重,相互之间的文化距离缩短了,取得了良好的共识。

思科公司对于企业并购的文化冲突有清晰而独到的见解。他们强调被并购公司的企业文化必须能够与思科公司的企业文化相融合,即在并购之前就考虑文化差异整合的可能性。在这个问题上,思科从并购的决策到并购后的整合,都能积极地贯彻这一思想。思科公司了解预并购的企业的文化方法很多,最常见的主要有两种:一是寻找并购对象一项失败的交易,如果这家公司没有做过失败的交易,那么说明它不够勇敢;如果它做得太多,那么说明它决策轻率,甚至是愚蠢。二是角色扮演。检查那家公司经理所作出的决定,然后看看自己是否也会作出相同的结论。如果这样,那么说明这家企业的经理的思考模式与思科有相同之处。在找到一家合适的并购公司后,思科公司才会迅速采取行动。

(二) 价值观不同是导致企业并购中文化冲突的根本原因

企业价值观是对企业性质、经营方式等的取向做出的全方位选择,是被企业员工所遵守、践行的主要内在价值理念。不同的企业具有不同价值观,员工之间行为的冲突本质上是价值观的冲突。

文化中价值观的不同会导致不同的管理实践,包括组织中的评价、选择、奖惩、上下级关系、群体的行为等。考察中西方企业会很容易发现,在决策方面,中国企业习惯于集体决策,集体负责,而西方企业则实行分层决策,个人负责。在风险观念方面,中国企业家一般缺乏风险意识和冒险精神,在不确定条件下不会贸然决策;而西方企业家则勇于冒险、敢于探索,尤其是在研制新产品、开拓新市场、运用新技术等方面表现突出。在对待工作成就的态度方面,中国企业缺乏灵活的激励机制,员工缺乏工作主动性,而西方企业员工有较大自主权,并对上级有一定建议权和质疑权。在不同意见表达方式上,中方人员表达方式委婉,并喜欢背后议论,而西方则是直截了当地说明真相。

企业间的价值观冲突,一般首先表现为员工个人与企业价值观冲突。这种冲突不能不考虑个人主义和集体主义问题。有的企业在长期的经营中形成了协同的文化,更强调集体主义,而有的企业更注重发挥个人的作用,更强调个人主义。在中西方企业的合作并购中,这种差别、冲突更加明显。西方企业文化和新教伦理是以个人为本位的,主要强调个体的生存价值和自由发展的权利。但是在商品生产和市场经济关系中,个人主义价值观往往被简单化为金钱尺度,即以拥有财富的多少来确证个体的生存价值和自由发展的权利。甚至金钱尺度会被庸俗化为拜金主义。于是,从追求生存价值和自由发展权利到追求金钱和利润,这既曾经成为企业追求高效率、高科技、高赢利的动力,又曾经成为扭曲人性、压抑精神文化的病根。所以在西方的企业文化中强调个人价值,强调个人在企业中的地位和作用。东亚企业文化和儒家伦理是以团体为本位的,主要强调整体对于个体的重要性和优先地位。儒家学说是其典型的理论形态。强调个人价值,并不意味着就否定群体价值;强调群体价值,也并不意味着就否定个体价值。在美国,IBM 公司、GE 公司、沃尔玛等,将这两者结合得就很出色;在日本,松下公司、索尼公司、本田汽车公司,在这方面也表现得很出色。

企业并购中的价值观冲突在运营层面则表现为公司战略、制度与流程等方面的冲突。20 世纪 90 年代初,日本大公司进军美国好莱坞可谓气势如虹。当年,SONY 公司和松下电器公司为了发挥其技术优势进入娱乐业,分别并购了哥伦比亚、三星公司和 MCA 公司。不幸的是,日本企业文化的特点是强调一致意见,这与好莱坞的强烈自我意识、竞争激烈和商业化环境格格不入。后来,SONY 公司宁可使其 60 亿美元的投资损失 30 亿,也不肯继续投入更多的钱。松下公司则把 MCA 卖给了西格拉姆公司。仅仅几年,这些当初信心满满的日本公司就不得不铩羽而归。究其原因,资金和技术实力雄厚的日本人正是输在文化的整合上。当然,随着全球经济一体化,文化的全球性融合进程也在上升阶段,同样,企业并购所包含的文化整合也会发生变化。企业文化是企业所在的环境中长期积淀起来的一种文化,它的形成和瓦解都需要很长的时间。文化传统根植于人民的内心,牢牢不可动摇,哪怕是政治背景相同的国家,对目标企业的并购甚至会引起政府的出面干预,导致并购失败。根植于传统民族文化的企业文化也阻碍了企业并购的发生。

(三) 文化刚性导致文化冲突

文化刚性通常是指那些在企业文化发展过程中变化频率和变动幅度不大的制度文化、经营模式等。

这种根本性的制度文化往往受一个国家在相当长时期里所择定的社会制度文化和社会体制文化的强烈制约,是一个国家、民族和地区经济以及其他方面稳定的基石。

同时, 这种制度文化也主要或多半是一个企业长期的经验积累、智慧结晶和文化积淀。因此, 这种制度文化规范一经形成, 就会具有较大的"保守性"、稳定性,一般不存在松动、改变的余地。即使有改变,也只是在经营管理中针对制度设计、体制设计中可能的遗漏。

从中西方文化的对比看,西方企业习惯于在法律比较完善的条件下开展经营管理,会用法律条文作为行动的依据;而中国企业,尤其是国有企业,习惯于按上级行政管理机构的指令行事,上级的指令、文件便是企业的决策依据和办事章程。西方社会是法治社会,一切都用外在的非人际关系的硬件力量去约束,因此在企业管理上就表现为规范管理、制度管理和条例管理,追求管理的有序化和有效化;中国社会重伦理,偏重于人的作用和价值实现,往往忽略了制度效应和条例管理,以"情"治理使员工对制度的执行往往松懈,以致规章制度往往难以发挥有效的作用,所以在中外合资企业的经营管理中,制度文化的冲突非常明显。

　　在薪酬福利政策上,中方往往看重员工的资历、经历和学历,把工资增长基数与企业经济效益直接挂钩;西方则根据工作的性质和能力确定工资,把工资调整与物价指数和生活费用指数结合起来。在人事安排和职务晋升上,中方比较注重个人政治素质、个人历史以及人际关系等;而西方则把能力放在第一位,根据员工在工作岗位上实际表现出来的能力来进行人事安排和职务晋升。对于人才流动,中国企业不习惯员工"跳槽",并常常以某些条件和理由限制人才外流;而西方尤其是美国则鼓励自己的职工不断流动,形成合理的年龄、知识、技能结构,保持企业的活力。

　　许多企业在并购后,由于其企业文化的形成具有一定的刚性,不容易被并购后企业文化所影响,或者在短时间内,具有极强的独立性,既不容易被并购后的并购企业同化,也不容易同化目标企业,这样,企业并购实施后,文化的刚性就导致了文化冲突。另一个方面,传统的因循守旧的思想也导致文化刚性更凸显了其顽强性。许多企业在进行并购时,缺乏相应的意识、手段、措施将本企业文化与原企业文化整合;企业内部人员,特别是经理人员因循守旧、不愿变革,他们无视原企业文化的存在及其影响而沿用原来的并购企业的文化,这势必会导致并购企业文化冲突。

1998年11月27日,德国的戴姆勒-奔驰与美国的克莱斯勒两家著名的公司宣布并购时曾经被认为是"郎才女貌",市场前景被普遍看好。两家公司,一家是老牌的欧洲豪华汽车制造厂;另一家是美国第三大汽车制造商,生产的越野车和小面包车在市场颇受欢迎。这样的并购不管是在生产方面,还是在市场网络方面,都是理想的匹配。但是,戴姆勒—克莱斯勒公司在管理和经营方面短期内即出现了严重的问题。其原因是多方面的,如市场形势的变化、管理者的决策失误等。其中一个重要的原因是,企业并购后没有重视和解决好两种不同的企业文化和管理风格的冲突。公司的总部设在德国,由德国人控制,可是公司规定的通用语言是英语,这常在公司高层管理者之间造成沟通的困难。德国人和美国人的企业文化有很大的差异。美国人喜欢尽快推出廉价而实用的新产品,有时宁可牺牲一点产品质量。德国人却对质量十分重视,即使耽误新产品问世也在所不惜。双方经常在如何赚钱的理念上争论不休。要把德国日尔曼人精雕细琢的工作方式与美国人大刀阔斧的工作作风融为一体不是一件容易的事。德国人有自己的民族优越感,美国人认为自己是世界的老大。来自两个公司的高层主管坐在一起开会决策常常面合心离。有人这样评价戴姆勒—克莱斯勒公司是"一个公司,两个总部"。两个公司的并购没有发挥"1+1>2"的效果。到2000年11月下旬,公司的股价已经下跌了50%以上,并且还存在继续走低的趋势。从戴姆勒—克莱斯勒公司的情况可以看出,两个企业的并购,即使业务上有很好的互补性,如果没有很好地整合文化,企业并购的协同效应也不会产生,理想的并购结果就不会产生。

企业管理文化和管理风格的差异性,是企业在长期的生产过程中形成的。它的形成是企业价值观的产物,又与一定的社会环境相联系,必然会受到社会环境的影响,在一定程度上,可以说是社会文化的一个缩影。在企业并购中,不同地域、不同社会环境中发展的企业,企业管理者的经营理念、管理方法有很大的差异性,导致企业并购中企业文化冲突的产生。这在我国国有企业与民营企业的重组中更为常见。

企业经营模式是为实现企业明确的价值定位采取的经营战略。不同的企业在不同的经营发展过程中形成了具有本身特质的模式,企业并购后并不能马上进行整合。短期内两种模式并存的后果并不明显,从长期看一定会发生冲突。并购企业认为自身作为并购主体具有优势,被并购企业认为自身劣势才会被并购,往往被并购企业会按照并购企业的经营管理方式行事。但长期形成的经营方式并不会轻易被改变,在处理具体业务时,被并购企业员工感到被限制、被轻视,就会产生抵触情绪,进而形成了文化冲突,演变成内耗。必须从企业文化的内涵开始,进行企业文化的系统性变革,才能避免经营模式的冲突。

(四)公司体系之外的系统和行为方式带来的文化的冲突

公司的发展与社会环境紧密联系,品牌的价值也只有通过顾客才能实现。公司文化的冲突不只是一种内部事务,它们还影响到同供应商、销售商和顾客的关系。从表现上看,这些"局外人"似乎只同公司正规的系统与网络打交道。事实上,公司内部的所有规范和流程,其运行绩效在很大程度上也取决于"局外人"与公司文化或各种非正式网络的联结与协调状况。客户政策的变化,甚至公司外部形象的变化都会影响到消费者、合作者的决策,进而影响被并购公司的绩效。因此,公司的"文化突变"往往会影响公司与这些"局外人"的联系,影响并购公司的经营绩效。

大多数公司在收购时,对目标公司的财务状况都会给予充分注意,而对维持目标公司联结与运行的各种文化性因素往往关注不多。结果是,不同文化的撞击使并购后的公司陷入一片混乱之中,甚至引起长期的内斗,使公司业绩下滑。

成功的并购,往往从一开始就把文化作为一个重要的因素,与业务、战略等因素综合考虑,以清晰的思路,通过解决文化问题,也即解决员工的思想问题,进而整合业务、调整战略。惠普、强生与爱默生等这些精于并购的公司,运用标准化的评估技术,对目标企业进行全面评价,并在达成交易之后的很长一段时间内,利用有经验的过渡性组织来铺平并购的道路。例如,爱默生公司在达成每一项交易后,允许用三年的时间来处理它与被并购一方在管理与业务做法上的差异。

企业并购中文化冲突的内容

从理论上讲,企业并购发生文化冲突是必然的。上文分析企业文化冲突着眼于冲突背后原因,而在现实表现中,企业文化的冲突往往表现得很具体,比如对并购公司处理具体问题的不满,对制度流程的不适应等等进而引发冲突,可以从企业文化的三个层面来观察和理解。这些冲突或者是决策判断,或者是对制度流程的态度,或者是对物质的处理。

企业精神文化冲突

企业精神文化是企业价值观、企业经营理念、企业社会责任等意识形态的总和,它在整个企业文化系统中处于核心地位。因此。在企业并购中,精神文化首当其冲地受到激烈的冲击。企业文化建设和管理过程中,一直追求的是价值观的确立、深植,因此,企业的价值观念作为企业文化的核心层具有极强的稳定性,是难以改变的。这样,并购后两种价值观念的同时存在,最终会出现几种情况:一种主要是用并购企业的价值观取代被并购企业的价值观,另一种情况是,两种价值观融合,重塑并购后的企业价值观,形成新的价值观。相关内容我们会在《企业并购中文化整合的方式》中详细论述。不管哪一种,由于原有的企业的价值观已经成为员工思想行为准则,一旦遇到挑战或更新,会造成员工个人价值感的失落和不知所措,往往会对新的经营哲学、经营思想、经营方式采取排斥和抗拒,自觉不自觉地阻碍新的价值观的形成和树立。

企业精神作为企业员工群体的主体意识,已为全体员工认同,一旦主体意识受到冲击或受到否定,员工会自然而然地报以抵触情绪和态度。这种抵触会以不同形式显现,处理不好会演变成抵抗,引发冲突。

在企业并购历史上,由于并购后企业经营理念冲突导致并购失败的案例比比皆是。曾经有一家生产方便面的大公司并购了一个经营状况良好的汉堡包连锁餐厅,然而,10 年的共同努力却始终没有能够使连锁餐厅盈利。分析其原因,并购企业没有料到连锁餐厅中许多最优秀的经理会不喜欢新公司的经营理念而辞职,并购公司不得不任命自己公司的人员去经营这家连锁餐厅,许多让连锁餐厅运营曾经十分有效的管理系统和程序被改变,最终使得其经营成本过高,并购公司不得不卖掉餐厅。10 年经营,付出了巨大的管理成本,直接损失了几百万美元。在此之后,经理们开始反省:我们是否应该更好地深层次地认识我们自己的价值体系以确保并购的相容性?

在我国企业并购的历史上,由于并购企业的精神文化的不同引起的文化冲突也很多。江苏一家保健品营销公司并购了另一家经营模式几乎相同的公司。并购后发现两家的精神文化几乎难以融合。被并购公司看重短期利益,追求赚快钱,对员工的管理松散。这与主导并购公司的使命、愿景和管理模式截然相反。结果是,被并购公司的员工在三个月内几乎走光,公司等于从零开始。

企业制度文化冲突

企业制度文化是指为实现企业目标而给企业经营和员工的行为规定一定的方向和方式,如企业的领导机制、组织机构和管理制度等,被并购企业往往由于机制或管理不善而导致被并购,取而代之的优势企业的制度文化又是非常严格而无情的,这必然带来原组织机构的调整、领导人员的更换,以及规章制度、行为规范的变化,而被并购企业的员工往往会迷恋、怀念原管理体制、领导,较难以适应新的转变,以致对新的制度文化在意识和行为上,有意无意地抵触,冲突在所难免。

企业并购后的制度文化的整合是比较容易引起冲突的层次,一方面是制度直接影响员工的工作、生活;另一方面,并购企业往往会从制度开始整合业务,往往要求被并购企业按照自己的制度规范来进行,而被并购企业员工由于惯性还保持原有的制度规范,冲突在所难免。金种子集团并购啤酒厂的案例说明了这一切。

【案例】雪地啤酒并购风波

20 世纪八九十年代,“雪地”在安徽省是一个叫得响的啤酒品牌。当时,在拥有 1300 多万人口的阜阳市,雪地啤酒占全市啤酒市场 70% 以上的份额。该厂有 1000 多名职工,1996 年生产啤酒 5 万多吨,实现利税 2000 多万元,在当时算是效益很好,前景广阔。和雪地相隔几分钟路程,有一个以生产白酒著称的金种子集团,该集团发展迅猛,半年利税达 2 亿多元。金种子集团负责人是阜阳市年轻的企业家,有强烈事业心和使命感,在企业经营和管理方面有自己独特的风格。

金种子要扩张,雪地要发展,如果把金种子资金优势和雪地的市场优势结合起来,岂不两美?阜阳市委、市政府在有关主管部门的要求下,同意金种子集团主导并购整合“雪地”啤酒,金种子集团负责人兼任雪地啤酒厂厂长兼党委书记。

1996 年 12 月底,金种子集团总裁到雪地啤酒厂走马上任。到任后,立即采取一系列大力度的管理措施:将 19 个科室精简为 10 个,精简科室人员 100 多人;调来 40 名保安人员,并授予他们从科室到车间的检查罚款权;执行了从金种子集团"拿来"的未经职代会讨论通过的"双百条"管理制度;执行 55 岁干部退休离岗规定等;上厕所不得超过 5 分钟,车间内不得将手插在衣服口袋里,不得跷起二郎腿等,违反一条罚款 10 元。并从金种子集团带去数十名经济警察,作为执法队。这些人可以在厂里各车间、各单位自由巡视。发现违规者即可罚款。经济警察甚至穿着皮靴直接进入厂里严禁出入的菌种室。十余天,罚款数以万计,上至厂级领导,下至普通职工,被罚款的有数百人次。被罚款者的不满迅速扩大,直接造成雪地干部群众与新班子、新制度的对立情绪。这种对立情绪很快造成突发事件,引起了阜阳市委、市政府的高度重视。

由两名副市长带头的工作组进驻企业调查处理。15 日,工作组针对厂长工作方法上的问题,提出解决方案,并召开新任厂长与工人面谈会。在连续三天三夜的过细的群众思想工作基础上,在广泛征求群众意见的基础上,市委、市政府 18 日任命新的厂长。当晚,新厂长上任,全厂恢复正常。干部、工人纷纷表示:牺牲休假时间,把损失夺回来。

物质文化冲突

企业物质文化的内容主要包括两个方面:一是企业生产的产品和提供的服务;二是企业的工作环境和生活环境。物质文化就是以物质形态为载体,以看得见摸得着的物质形态来反映出企业的精神面貌。如视觉系统包括标志、生产环境、企业建筑、企业广告、产品包装与产品设计等,它们都是企业物质文化的主要内容。

物质层面的文化要素是企业精神文化的反映,能够进一步强化员工的认同感和企业深层次的观念文化的理解。并购中的企业物质文化冲突也是存在的,只是相对小一些,因为对于这种实体行为表现的企业文化变革可操作性强,但依然会反映出员工对新文化的理解,应该予以重视,谨慎整合。"新飞"曾是国内电冰箱知名品牌。1994年引入外资,到2005年外资绝对控股,期间冲突不断。到2012年,新飞电器标志从老鹰变成了一只色彩斑斓的小鸟,这个新标志让很多新飞老员工不愿接受:"从老鹰改成小鸟,哪有越改越小的!"标志之争,其实折射的是新飞在新旧体制转换中存在的巨大观念差异。新机制实施得不彻底,旧机制又若隐若现,文化冲突成为发展的羁绊。

物质文化的冲突实质上还是理念层面的冲突,是价值观的冲突。避免物质文化的冲突必须从价值观的建设开始,形成统一共享的价值观,才能彻底解决文化冲突问题,保证企业可持续发展。

并购企业的文化变革的方向和内容

无数事实表明,企业文化变革的成功与否,直接关系到并购的成败,影响企业的进一步发展。海尔集团先后在全国并购了18家企业,在并购这些企业的过程中,海尔高度重视企业文化整合的作用,第一步总是"植入"海尔文化及管理模式,使海尔的企业文化扎下根来,使被并购企业了解、适应直至自觉按照海尔的企业文化和管理模式思考和行动,海尔的文化与管理模式完全替代原来的企业。对于被并购企业而言,是一次深刻的文化变革,与海尔集团真正融为一体,实现员工与企业的共赢。

青岛红星电器公司曾是我国三大洗衣机生产企业之一,拥有3500多名员工,年产洗衣机达70万台,年销售收入5亿多元。但从1995年上半年开始,其经营每况愈下,出现多年未有的大滑坡现象,而且资产负债率高达143.65%,资不抵债1.33亿元,面临破产。在政府的鼓励和支持下,1995年7月4日,海尔集团将红星电器股份有限公司整体并购。

并购之初,海尔只是派去了3名企业文化中心管理人员,通过输入海尔文化及管理模式,很快调动起员工的积极性,仅3个月就使红星电器厂扭亏为盈,半年盈利50多万元,显示出"无形资产盘活有形资产"的巨大潜力。

GE金融集团是通用电气旗下的金融公司,曾经在5年里进行了100多次并购,结果业务量提高了30%,净收入翻了一番,迅速成长为国际金融巨头。GE金融集团的成功很重要的一点是它在并购中的文化整合策略。在并购前,GE金融集团就对双方的企业文化进行评估,预测可能发生的文化冲突,并通过多种沟通渠道解决文化冲突:一是通过在双方高层,尤其是与被并购企业关键人物的沟通,迅速了解其态度和动向,争取获得支持并留住他们。二是通过与被并购企业的各相关利益团体(工会、社区、供应商、中间商等)的沟通,了解他们对公司的期望,帮助公司处理好与他们的关系。三是通过与被并购企业员工的沟通,将文化整合及工作计划信息传递给员工,获得他们精神上和行动上的支持。这样,通过不断提高各类人员对该企业文化的认同感,最终使这种企业文化在被并购企业中成长起来。

实践证明,海尔、GE金融集团等正是由于采取了文化融合先行,高度重视在被并购企业中融入并购企业的先进文化和管理模式,才能振奋员工精神,激励士气,转变机制,使被并购企业重新焕发出活力,才可能在不增加或少增加物质投入的情况下,改变了落后企业的面貌。

并购企业文化变革与整合的方向和内容

我们对整个企业文化的认识、理解和分析,一直都强调一个重要的事实:所有企业和企业人的思想和行为,都是始终基于所生存和发展的物质环境,并与之紧密联系。它们都拥有一个物质底层,即以生产工具及环境、产品等器物的形式而存在的物质环境,还有一个产生其行为活动的以价值观为核心的理念系统。因此,企业文化的变革既是内外环境变化使然,又要充分考虑内外环境所给予的条件。

企业的价值观是企业文化最为核心的部分,是企业文化的源泉,是企业文化结构中的稳定因素。就像大树的生长、壮大,必须依靠根须吸收养分,稳固基础。企业的价值观正是企业文化的根,是企业文化的决定因素,有什么样的价值观,就会有什么样的理念系统,并衍生出相关的视觉系统和行为系统。

企业文化的变革根本上是价值观的变革,是企业价值观指导下的使命、愿景等理念系统的变革。企业并购中文化的变革一般从以下三个方面着手:

1.整合企业精神文化,重建理念系统

重建理念系统有两种做法:一是完全照搬主导并购的企业理念系统,废除并购企业的文化体系。这种做法文化变革彻底,但工作难度大。要注意工作方法,调动各种手段方法,引导员工认同新理念,执行新理念。二是在调研考察、诊断评估的基础上,对原企业使命、愿景、价值观等全部价值理念进行发掘、总结、提炼和升华,结合并购企业的先进理念,以形成独具本企业特色的科学性、现代性、系统性、统一性的理念识别系统。

2.规范企业行为文化,建立行为规范系统

在企业核心价值观的指导下,结合企业战略和业务系统,对包括职业道德规范、员工行为准则、团队管理、沟通渠道建立、顾客满意工程、员工满意工程、培训体系设计、激励机制设计、员工绩效考核等,重新进行规范设计,形成既体现现代文明又有可操作性的实用的行为规范系统。

3.整合企业形象文化,建立形象识别系统

根据企业新的价值观,整合策划并购企业的文化要素,对包括企业名称、企业标志、商标品牌、广告包装、员工服饰、企业环境、企业内部报刊书籍的编辑出版、企业对外宣传媒介组合、企业文化体育设施建设等等,进行重新规划,以全方位多层次的表层形象来反映深层的价值观体系。

企业并购中文化整合的模式

并购双方的企业整合程度以及一方或双方的企业文化的变化程度决定了并购企业变化的大小,并购与被并购企业的变化程度的组合可以衍生出以下四种并购后的文化整合类型:注入型、保留型、融合型、同化型。

1.注入型——文化同化

主导并购的公司将文化注入被并购公司,被并购公司摒弃原有文化,完全吸收并融入并购公司文化中去。能够成功接受这种改变的公司,往往文化强大,经营规模远大于被并购公司;或者重新组建一家新公司,采用一种新的管理方法。

海尔集团在并购中一般都采用这种模式。从 1991 年起,海尔就开始实施资本扩张战略,先后并购了原青岛空调器厂、冰柜厂、武汉西岛、红星电器公司等 18 家大中型企业。在海尔的并购案中,并购对象往往都是与海尔的产业相同或相近,但经营管理出现了重大问题。采取文化注入的方式对被并购的企业进行重组和改造,市场网络与海尔对接,效益显现明显,"休克鱼"被成功地激活,与此同时,员工收入增加更强化了认同和践行新文化的信心。

但是,因为在文化注入过程中所涉及的许多因素都是不确定的,这种"文化注入"重组方式存在着一系列的风险,最常见的是文化对抗风险和文化空心化风险。在上述"雪地"啤酒并购案中我们能清晰地看到这种风险。

文化对抗风险。企业文化具有内生性和稳定性的特点,并购中的文化冲突是难以避免的,以文化注入方式进行企业改造更容易产生两个文化的冲突和碰撞。对于一些顽固的企业文化,文化注入难度高,成本高,风险也高。在海尔的并购案中,并购方的文化是优质文化,被并购方的文化一般是弱质、落后的文化,企业职工盼望企业变革,大都有对优秀文化的向往,从而使这种不兼容性风险自然得到化解,但是如果被并购方的文化也是优质文化,或者职工中守旧文化浓厚,那么,就完全有可能出现这种风险。阜阳雪地啤酒厂本身的经营管理和市场营销都具有自己的特点,也产生了很好的效益,员工对被并购想不通。因此,被并购后对抗就在所难免。事实上,海尔的并购案中也曾出现过激烈的冲突,但因为海尔的工作足够细致,加上政府的支持,都成功予以化解。因此,在决定采取文化注入方式进行企业改造时,应该预防这种不兼容性风险,主要措施有:在确定文化注入之前,详细了解被并购方的文化体系,对文化注入的可行性深入研究,形成完整可行的方案;分析和预测可能出现的冲突及其严重程度并形成预案。

文化"空心化"风险。文化不能单独存在和移植,它必须依托于企业的硬件基础,包括物质基础、业务系统等。企业文化注入能否成功,也取决于能否在文化注入的同时,必须紧密结合企业业务,营造其存在的基础,通过扎实的业务系统规划,让员工看到企业的希望。如果仅强调各种形式的精神灌输,忽视职工的物质需求,或者仅仅强调文化,没有硬件及业务的配合,就有可能形成文化的"空心化",被并购企业失去了原有文化,新的文化没有有机融入。海尔比较成功地避免了文化的"空心化"的风险,不仅注入了其优秀的文化,还注入了质量体系、技术力量和品牌优势等。这就有效避免了文化"空心化"风险。

2.保留型(平行型)——文化多元化

被并购公司依然保留其文化,两个公司在财务并购的同时仍比较独立地运作。这种模式的优点是,被并购公司在获得资金、技术等支持的同时,保留自己的文化,对员工和业务关系的影响较小。成功的保留型并购企业的实现前提是,被并购公司之前的产品、战略以及业务模式都有完整的体现,健康发展,注入资金或技术可以使其加速发展。这就要限制来自总公司的干涉,给予子公司充分的管理自主权,保护子公司的"边界"。这种文化整合主要适应于某些跨国、跨行业公司之间的并购。因为双方文化背景和企业文化风格迥然不同,甚至相互排斥对立,在文化整合的难度和代价较大的情况下,如果能够保持彼此的文化独立,避免文化冲突,反而更有利于企业的发展。如美国通用电器公司控股日本五十铃公司时,通用电器公司并没有向五十铃公司输入自己的企业文化模式,而是采用了文化隔离的整合方式。

3.融合型——文化转化

在强势企业与强势企业的文化整合过程中,双方都有令人自豪而优秀的企业文化,彼此只能加强交流,相互学习和吸收对方文化的优点,在文化上相互同化,使两种不同的文化最终融合成为一种更优秀的新企业文化。

另一种情况是,并购公司与被并购公司通过重新塑造一个新公司来塑造一个新文化。这是所有公司组织形式中最高层次的。并且需要极大的资源投入、严谨的经营管理以及有创造力的管理文化。文化融合涉及两个并购公司相互一体化的进程,需要双方互动地作出一体化的决定,通常会让双方得到利益,同时也要求双方作出一定的牺牲。上海贝尔公司是由中国邮电工业总公司、比利时阿尔卡特公司、比利时王国政府基金会合资而成立的。在公司成立之初双方就本着相互尊重、互惠互利的原则,加强沟通,精诚团结,逐步形成了全新的"团结、奋进、为大家"的贝尔文化。贝尔文化虽然还带有原合资方的文化痕迹,但是今非昔比,它已经成为具备了中西文化优点的新文化。

4.反并购型——文化同化

被并购公司反过来影响、融合并购公司,以至于并购公司通过学习吸收被并购公司文化,自身发生重大变革。反并购型也是一种文化同化,往往是文化优秀,业务管理先进,在并购过程中迫使并购公司组织结构上发生了变化,或者通过对并购公司的平行机构的操纵得以实现。

在以上四种并购企业的文化整合类型中,"反并购型"发生的概率较少,但不是没有。欧洲一家化学公司对美国当地的一家管理良好的公司的收购,显示了某些程度的反并购型。"注入型"一般发生在大小公司并购间,如海尔对几家企业的并购;"保留型"与"融合型"则出现在两个势均力敌的并购企业之间,如戴姆斯·奔驰与克来斯勒公司并购案是保留型的例证。

企业并购中文化整合需要把握的基本原则

企业间的并购首先需要对业务进行整合,因此涉及人事的重组、利益的调整,相关方面的员工出现文化上的不适应,出现抵抗、冲突,是必然的现象。加利福尼亚职业心理学院和波士顿大学的心理学家对企业并购深入研究后发现,有12种现象影响并购后员工的行为,如果不能很好地处理,将对并购产生严重的影响。

这12种影响是:工作人员职位的变化;因调整产生对未来的悲观想法;调整带来的各种不良的心理反应;管理不细致导致的危机;对理念、业务的传播混乱;认为管理就是控制;对制度、流程等不习惯;双方人员不团结;双方都想高人一头;提防心理;患得患失,各行其是等。

因此,企业并购是一项系统工程,业务的整合往往更容易进行,文化的整合往往会遇到这样或那样的问题。

在企业并购文化整合过程中,除了根据上述四种文化整合的类型做相应的工作外,还必须把握下列基本原则:

1.整体规划原则

在进行文化整合前,必须在并购方经营战略的指导下,兼顾双方的利益,形成可执行的文化整合规划,以提高并购后企业的整体素质和经济效益。

企业文化的整合应该与企业业务整合同步进行,同步评估、同步剥离、同步注入、同步整合,同步实施与运作,业务整合与文化整合二者不可偏废,不可轻此重彼,不可"一手软,一手硬"。

在企业并购中,文化整合与财务、组织、人事等项目的整合一样,是保证企业并购成功的手段之一。从某种意义上来说,文化整合比其他整合还要重要,因为企业是由人组成的,人是有思想的,机构、财务等项目的整合是有形的,可以通过专业机构的运作在较短的时间内完成,而文化整合却是一个较长时期的潜移默化的过程。企业文化在企业并购中的正面作用可以提高并购的效率,实现组织与业务无缝整合;相反,则会降低并购工作的效率,甚至可能使并购失败。

整体规划要兼顾企业内部亚文化。在企业文化内部,由于职能、性别、地域文化、社会、经济、教育背景等方面的差异,往往会产生不同的亚文化。这些不同的文化又在不同程度上保证着该文化团体(如企业的各个部门)的良好运作。所以,在企业并购文化整合过程中,应该注意处理好各种亚文化,保证新企业的方方面面都能得到健康的发展。

2.充分沟通的原则

在企业并购文化整合过程中,必须充分依靠群众、发动群众,进行充分、全面而有效的沟通,通过与被并购企业的各项相关利益团体(员工、社区、供应商、中间商)的沟通,了解他们对公司的期望,可以帮助公司处理好他们的关系。将企业并购后的目标、战略、计划等中的重要信息传递给员工,让员工真正理解并购对企业发展的重要意义,看到企业未来与自己的发展前景,获得其精神上和行动上的支持;通过交流活动本身也有助于在并购企业与被并购企业建立一种管理层之间、管理层与员工之间以及员工之间的相互信任关系,从而使企业并购后企业员工能够团结一致、协调配合、共同努力来实现企业目标。

充分沟通要辅以较强的舆论导向、增加透明度、加强价值观念的灌输等,良好的氛围可以降低文化融合中造成的震动幅度,减少不必要的耗损,实现平稳过渡。

3.专人负责原则

企业并购中的文化整合是一项极其复杂的系统工程,它要在尽可能短的时间内统一并购后企业"大家族"成员的价值观,使大多数员工能够理解认同公司的基本价值观、信念、目标和办事方式,从而使管理的结构、制度、方式和员工之间达成长期而有效的协同。要做到这一点,就要在企业并购的初始阶段明确专人负责文化整合,从系统的角度进行分工协作。比如,美国通用电器资本公司在并购之初就任命"整合经理"专门负责有关文化整合的工作,这是该公司经过长期并购实践得到的一条最重要的经验之一。

思科公司有一个专门处理新并购公司整合问题的小组——融合小组。该小组一般由20名左右经验丰富的员工组成。在并购宣布的当天,融合小组便入驻被并购公司,一直到整合工作结束,他们才会撤离。融合小组的工作效率是惊人的。蒙雷特(Monterey)公司是1999年8月被思科公司并购的,该公司人力资源部经理络里·史密斯说:"星期三晚上11点我们完成交易。当我星期四早晨上班时,我们的公司门上已经换上了思科公司的标志,建筑物前面也挂上了思科公司的旗帜。它们还在门厅里悬挂了一个思科公司的巨大艺术品。我看见有人把瓶装水放入冰箱以替换我们的冷饮。他们确实没有把周围搞乱。"

4.高层领导参与的原则

企业高层领导在企业文化的形成与改变过程中往往起到关键性的作用。因此,高层领导在企业并购文化整合过程中有不可推卸的责任,要有意识地推进文化整合。高层领导一方面应积极组织力量在并购中重视文化整合;另一方面处事要客观民主、关心下属、以身作则,在工作部署和工作安排中充分重视企业文化的作用,倡导良好的企业文化。

"一带一路"背景下的企业"走出去"面临的文化变革挑战

随着经济全球化的不断深入,我国企业发展面临着两种趋势:一是外国的企业将大举进入我国,我国大量的中小型企业被并购、重组,面临着文化的整合;二是随着"一带一路"倡议的推进,我国企业也越来越多地"走出去",同样面临着文化变革。

中华文化对于外来文化具有很强的免疫能力,这是经过历史证明的结论。在过去40多年的改革开放实践中,外国企业跨国并购我国企业的过程中,文化整合问题就具有相当的突出地位,也出现了许多问题甚至危机,许多走在前面的企业已经积累了丰富的经验。而并购国外企业,在国外实施企业文化的整合,则相对缺少经验。如何整合外国文化、外企文化,是摆在中国企业领导和员工面前的新课题。

随着"一带一路"倡议的深入,我国对外直接投资发展迅速,商务部发布数据显示,2016年我国境内投资者共对全球164个国家和地区的7961家境外企业进行了非金融类直接投资,累计实现投资11299.2亿万人民币,同比增长44.1%。截至2016年,我国对外直接投资存量1.28万亿美元,跃居世界第6位。这些数据表明中国的对外直接投资规模不断扩大,在国际上的影响力也在不断增大。

自2013年"一带一路"倡议提出以来,已经有60多个国家和地区加入其中。随着"一带一路"成员国数量的不断壮大,"一带一路"倡议将会以更加成熟的姿态面向世界,同时也会对我国企业"走出去"产生积极的推动作用,并为其带来更多的发展机遇。在这个过程中,充分重视文化的作用,有效进行文化的整合与变革,将是我国企业面临的挑战。

5.4 创二代接班与企业文化变革

以改革开放为起点,一批率先解放思想的人,走上了创业求索的道路,求索财富,求索真理,至今已经40年,第一代企业家已经陆续达到人生巅峰,陆续都要卸下肩上的担子;第二代企业家正逐渐崛起,其中家族企业的二代接班人尤其引人关注。他们的财富传承、企业管理的交接以及由此带来的荣耀、困顿与忧虑,往往成为社会的热点。

企业接班人的选择交接、家族企业传承历来是一个世界性难题,尤其是第一代向第二代交接。

历数百年家族企业,在欧洲有6000多家,美国有800多家,日本有3万多家,而中国内地却一家也没有,这其中受到方方面面条件的影响,其中企业文化传承的失败是其中的关键。从已经发生的一二代交接的案例看,有成功也有失败,值得总结思考。创二代的成功交接,不仅关乎家族的财富传承,也关乎国家经济的发展。

富二代要成为真正的"创二代",不要变成"负二代",其中十分重要的一点,是企业文化的传承。在业务传承、拓展的同时,企业文化能否被二代接班人理解、传承并适时变革,是二代接班能否成功的关键。

二代接班案例的启示

案例一:万向集团——顺利交接的背后是文化的传承

万向集团创建于 1969 年,从鲁冠球以 4000 元资金在钱塘江畔创办农机修配厂开始,以年均递增 25.89% 的速度,发展成为营收超千亿、利润过百亿的现代化跨国企业集团,是中国汽车零部件制造代表企业之一。万向是中国为数不多的向世界名牌进军具有国际竞争力的企业之一,被誉为"中国企业常青树"。

鲁伟鼎高中没读完就被父亲送到往新加坡学习,学成回国后就进入了万向集团,在各种岗位轮换,1992 年底开始任集团副总裁。1994 年,鲁伟鼎刚满 23 岁,便接过了万向集团总裁的位置。

与父亲专注汽车领域不同,鲁伟鼎凭借自己在金融领域的兴趣与胆略,带领万向不断向金融领域拓展。鲁伟鼎掌舵万向集团以后,在资本运作上动作频频,接连实现了在海外市场传奇般的并购整合,先是以极低的价格收购了拥有全球万向节技术专利最多的企业舍勒,完美地实现了"蛇吞象";紧接着又趁美国上市公司 UAI 在并购扩张出现问题时,入主 UAI;此外他还力主创办万向无线,在无线市场淘金;更成为中国最大民营电影公司华谊兄弟的股东。

到 2017 年 10 月鲁冠球先生逝世为止,"万向系"至少掌握了万向钱潮、承德露露、万向德农、顺发恒业等 4 家上市公司控制权,并参股了华谊兄弟、广汽集团、新和成等 18 家 A 股、港股公司;布局有颂大教育、商安信等 14 家新三板挂牌公司;金融方面,则取得了除券商之外的几乎所有金融牌照。

资料来源:http://www.mnw.cn/news/cj/1869006.html.

案例二:新希望集团——成功接棒,得益于多年历练

作为中国第一代企业家里的代表,刘永好从饲料生产起步,拓展至

农业科技、食品加工、设施建设、金融服务等多个领域，都取得了不俗的业绩。在事业传承方面的谋篇布局、精心安排，一直备受外界关注。女儿刘畅的成功接棒，被公认为是"富二代"的正面典型，她带领新希望集团在产业链和业务模式上进行转型，国际化步伐加快。根据新希望最近两年的业绩来看，公司营业收入保持平稳增长，利润率有所提升，转型已经初见成效。

对于新希望这样一个拥有7万多名员工、涉及多个行业的大型跨国集团而言，传承与接班不只是亲情与血缘的纽带，更涉及众多员工与客户的期待，需要掐准时间、步步为营的智慧。刘永好在这个过程中的精心安排，是成功交接的必要条件。从2000年开始，刘永好就开始考虑接班人问题，安排刘畅在新希望企业系统之外全方位学习企业管理的相关知识，并通过创业实践积累经验和教训，此后在新希望关联公司的基层部门任职，学习和理解业务，感受新希望的企业文化。2013年刘畅接班。值得称道的是，著名管理学家陈春花教授担任联席董事长同时进入新希望管理层，显然是为了帮扶刘畅，这样就可以在企业决策和管理的关键环节不至于出现大的失误。从动议到接棒，刘畅用十年时间在学校里、在社会、在新希望历练。刘畅总结道："这个过程是对自己短板的补充和提升。学习技能、处世和待人之道、培养看事物的不同角度。"十来年的磨砺也让她对农牧产业从最初的拒绝到喜欢，终于在2013年从父亲手中接过了规模近千亿的农牧上市企业。

资料来源：http://finance.sina.com.cn/chanjing/gsnews/2018-09-04/doc-ihiqtcan9394136.shtml.

案例三：海鑫集团——仓促上阵，人虽到岗但心未到位

2003年，海鑫集团董事长李海仓突然遇害，在继承人问题上未留下遗嘱。当时，海鑫钢铁是山西省第二大钢铁企业以及规模最大的民营企

业,资产总值达 40 亿元。

在李海仓之父李春元的主持下,其子李兆会出任董事长,解决企业的权力真空,化解家族内部的信任危机。

当爷爷要求他接班时,李兆会开始不同意,他觉得自己知识和经验都承担不起这么大企业的管理重任。但接班的程序已经启动,李兆会在各方压力下接下担子。

接班初期,李兆会就像换了一个人,全身心投入工作之中。企业发展的惯性、良好的外部环境、家族成员的团结,加上李兆会的用心,2004年,海鑫钢铁的资产总值更是达到 70 多亿元,上缴利税 12 亿元,成为当年度中国民企中的"第一纳税大户"。当年 8 月,海鑫钢铁还在即将兴建的杭州湾跨海大桥原材料招投标中一举中标。

上任仅一年,李兆会就稳住了局面,赢得各方夸赞。而之后,李兆会的心态和兴趣点都发生了变化。一方面开始频繁调整内部人事,类似电视剧情节的豪门恩怨开始上演;另一方面,和公司核心管理层地动山摇相比,李兆会则淡定地醉心于投资业务。投入钢铁事业上的精力越来越少,甚至他本人也很少在海鑫集团出现。

2004 年,李兆会以海鑫实业名义,以每股 3.7 元、共 5.9 亿元接手民生银行 1.6 亿股,成为民生银行的第十大股东。这也是李兆会最成功的投资,海鑫实业在 2007 上半年的牛市高点,抛售了手中民生银行近 1 亿股,套现超过 10 亿元。李兆会还入股过光大银行、大连银行、民生人寿、兴业证券、山西证券、银华基金等多家金融机构,但大多数是快进快出。10 年时间,李兆会在资本市场"玩"得风生水起,但海鑫的钢铁生意日渐没落。

2014 年初,一笔 30 亿元的逾期贷款未能及时归还,"潘多拉的盒子"悄然揭开,海鑫钢铁的 6 座高炉,终于被迫全部熄火。

海鑫集团在停产后,也曾几番尝试复产,但终究无果。2014年11月12日,山西运城中院裁定海鑫集团五家下属公司破产重整,并指定了管理人。

资料来源:http://finance.eastmoney.com/news/1670,2015082454085 2678.html.

案例四:海翔药业 ——接棒四年失去控制权,丢掉的不仅是业务

罗邦鹏1970年大学毕业后,被分配到海门化工厂工作。后来,这家工厂几次重组更名,1984年罗邦鹏担任更名后的台州市椒江化工二厂厂长,此时工厂属于集体企业,从事日用化工生产。

1998年,工厂改制,变更为浙江台州海翔医药化工有限公司。2004年6月,公司又更名为浙江海翔药业股份有限公司,进行股份制改革,罗邦鹏出任董事长兼总经理。罗邦鹏通过股改等多次所有制结构转换,把海翔药业变成自己的家族企业。海翔药业专业从事原料药及医药中间体生产和销售,当年有多类产品产量居国内第一。

罗邦鹏之子罗煜竑,1976年出生,1996年大学毕业,1997年10月进入海翔药业,曾在生产车间、研发中心、销售和质量管理等部门工作,2004年之前,先后担任公司总经理助理和副总经理职务。2004年4月,罗煜竑当选为海翔药业董事。2007年起,罗邦鹏逐步退居幕后,罗煜竑在2008年9月—2009年12月期间担任公司总经理,2009年4月当选为董事长。2010年9月,罗邦鹏将其所持有的3480万股(占总股本的21.68%)海翔药业股份转让给罗煜竑,后者以24.67%的持股比例,成为海翔药业实际控制人。

从2013年开始,罗煜竑开始减持自己手中的股份,半年多时间,罗煜竑共5次减持海翔药业股份,合计数量1980万股,持股比例降至18.31%。2013年11月1日,罗煜竑辞去海翔药业董事长职务,但仍是

第一大股东。

将一个乡镇日化工厂打造成上市公司,罗邦鹏耗费了40年,而罗煜竑仅用了不到4年(2010年9月——2014年5月)时间,罗家就失去了对海翔药业的控制权。

资料来源:http://finance.sina.com.cn/chanjing/gsnews/20140509/105019055699.shtml.

上述案例是近几年二代接班中较为典型的几个,在当时都引起了社会的广泛关注和思考。每个企业的具体情况不同,交接班的大致流程相似,结果却不同。上述案例的最终结果有的还有待时间验证,但结果不外两种:成功或者失败,对于企业而言没有第三条道路。其中原因,有些是普遍存在的,比如战略转型失败、未能处理好与"老臣"的关系、抛开主业按自己的兴趣开发新领域,等等。但在本书作者看来,在这些具体原因背后,核心是企业文化传承方面的原因。财富、知识、技术……这些显性的资源与能力,都是很容易交接的,而企业家精神、企业文化传承才是根本。

那么,二代接班该如何进行?有没有一个标准答案?近几年来,二代接班不仅是坊间热议的话题,而且是许多机构研究的课题。很难说有一个标准答案,但许多企业的实践、机构的研究都值得借鉴。实际上,有些企业并未采用子承父业的接班,而是将企业社会化,用职业经理人来保证基业长青。另外,在子承父业的接班中,成功与否有许多原因,比如培养的路径、交接的安排等,都不是本书讨论的重点,本书只从企业文化的传承与变革角度进行探讨。

对二代接班人计划的建议

我国的家族企业发展时间较晚,在二代接班人的培养方面还处于探索阶段。从成功的案例看,虽然做法不尽相同,但都表现出一定的共性。结合国外的成功做法和我国的成功案例,本书对创二代接班有以下建议:

1.企业文化与战略认同是选择接班人的前提

有人说,企业发展三年看技术,五年看营销,十年八年看管理,基业长青看文化。企业走过十年左右,从企业发展的规律和经验看,就是看它有没有一个长期的发展战略,有没有自己主动的方向和战略重点。如果企业要追求可持续发展,最重要的就是看文化了,文化造就人才,成为企业能不能有所突破、有所创新的关键。

企业文化是一条河的"河床",决定了河的走向和宽度。河床是什么? 是以价值观为核心的理念系统,包括经营管理理念和由此产生的企业行为。而人的价值观与行为方式往往生活环境、知识背景等有着紧密的联系,具有一定的"先天性"。

任何一本人力资源教科书都会强调,企业招聘要把好企业文化关,与企业文化不适应甚至背离的人不能进入企业。二代的生活环境、学习条件与父辈相比明显不同,因此有不同的价值观和行为习惯,在战略思想上有差异,是一种正常现象。关键是这种不同是相容的还是不相容的。二代进入企业接班,如果对企业文化、战略不认同,则是一件很可怕是事情。

李嘉诚选定中规中矩的李泽钜接班,而不是有着"小超人"之称的李泽楷,其思考的重点就是,对企业的战略、文化是否认同。李嘉诚表示:二儿子有自己的想法,且对集团事业不是太感兴趣,加上长子李泽钜从毕业就一直在集团做,有他把控集团,才能对整个集团负责。

万达创始人王健林在谈及接班人时说:"一家公司发展成家族企业有利也有弊,如若管理不当那就是弊大于利。像万达这样的大企业考虑职业经理人接班,很多大公司都会采取这种做法。看来王思聪还是适合搞他的喜欢的直播、游戏和网红。"

所以,选择接班人首先是对其天性的洞察,考察期对企业经营管理的兴趣和天赋;其次才是刻意的安排培养。如果二代的价值观与企业的价值观明显不匹配,不如选择职业经理人来实现企业的发展。

万向集团鲁伟鼎在谈到接班后感受时说:"管理这家公司让我非常兴奋,我不需要再开着车子去兜风找刺激。"在他的办公室里,永远都摆放着父亲鲁冠球的一张大照片,鲁伟鼎说:"父辈们创造了过去,经历着现在,还将继续走下去。而我们这一代是踩着他们打下的基础沿着他们开辟的大道前进,理应走得更好、更远。"很显然,他对万向无论是战略还是企业文化都是认同的,一定程度上是以此自豪的。

2.要从企业变革的高度提前计划、周密安排

交接班是企业家必须面对的问题。无论企业家精力多么好、能力多么强,都无法回避。必须认真考虑、精心安排。既然让下一代接班是早晚的事,企业就应该尽早制订接班人计划。缺乏接班人计划,是许多第一代家族企业没有继续生存下来的一个重要原因。在确定接班人问题上,"临危授命"是最不可取的,因为:一是接班人没有充分的准备,难以应付复杂局面;二是企业内部会出现"权力真空",会遭遇员工思想、企业经营等方方面面的问题,这会给企业带来极大的不确定性和危机;三是,二代接班实际上是一次企业变革,涉及企业发展的方方面面,尤其是在企业战略、企业文化方面会发生变革,周密的安排会使变革更科学,更有利于企业发展。有充分的时间作为保证,在选择接班人的成功率会大大提高。

因此,"未雨绸缪"才是正确之道。创业者可能遇到一些突发因素,需要接班人训练有素;接班人对企业业务、战略和文化的理解需要时间,

其地位的奠定需要很长的过程。

与父辈相比,民企二代有自身明显的特点,他们大都受过良好的教育,眼界开阔,思想解放。与传承事业的要求相比,他们身上的一些特点依然需要引导与培养。有的二代明显对家族事业不感兴趣,或其自身的品质不利于事业的传承,就要考虑由职业经理人接班,或者其他更好的办法。目前的调查数据显示,二代对家族事业和接班的态度有以下四种情况:

一是不愿接班的比例较大。据浙江的一项调查显示,37%的"富二代"希望自己创立一番事业,45%认为目前自己还不具备接班的各项素质,不愿接受父辈的事业。

二是对未来普遍缺乏坚定的信念,社会责任意识淡薄,缺乏正确的财富观。这一点与他们的父辈形成了鲜明对比。父辈们大都靠坚定的信念才战胜各种困难,对财富、对社会多数都形成了积极的见解。

三是缺乏艰难与困苦的磨砺,因此缺乏处理复杂问题的自信,缺乏战胜困难的勇气。民企二代生活条件优越,大都受过良好教育,思想活跃,但和父辈相比,很大一部分人缺乏开拓精神和冒险意识,也对家族企业从事的低端加工制造业感到前途渺茫。尽管接受了新思维,拥有了父辈们无法企及的知识结构和学历层次,也不缺乏创业激情和勇气,却相对缺乏创业守业的经验,缺乏面对困难、战胜困难的执着。在处理人的问题方面,缺乏虚怀若谷的谦虚、低调为人的品格。与脚踏实地的父辈们相比富二代可能更浮夸,更自我。

四是缺乏企业管理实践经验。家族企业的中高层领导者大都是长辈,面对他们,二代接班后往往有畏难情绪,甚至出现管不动的情况;与此相反,处理人的问题缺少方法,往往造成"老臣"们不服气,造成内部动乱,严重影响企业的经营和发展。

面对这些问题，一代企业家要有针对性地形成解决方案。

欧洲与美国的企业接班过程中的做法值得我们参考。历史和文化不同，欧洲和美国在二代接班问题上呈现出的方式也不同。在欧洲，二代接班一般由企业"老臣"辅佐，甚至代为掌权。一定时间后，继承人再介入企业管理，有的甚至不再参与管理，成为单纯的"食利阶层"。而美国家族企业的后代，在继承家产之前，就会早早被托付给一个由教师、律师、公关人员和保安组成的专门团队，长期培养，条件成熟后进入企业从事管理工作。

3.要给二代充分的时间理解和认识企业的业务、战略和文化

二代大都有良好的教育背景，加之时代的变迁，他们往往"看不上"父辈们从事的低端业务，更向往高科技、资本运作等书本上的前沿理论。实际上，如果他们真正理解了家族企业的业务，他们的知识体系恰恰是家族企业战略、文化提升的必要条件，也就是说，他们的知识和想法往往大有用武之地。正是因为这种互补性很强的特点，所以在这个过程中，对企业文化的理解和认同往往更难，因为企业文化是隐形于制度、流程之下，很难在短时间内体会到，而体会到也未必认同。所以要重点加以引导。

要给二代充分的时间实践、感悟企业文化，通过基层管理历练树立自己的威信。所谓接班是指对企业工作的全面接管负责，这样就需要接班人要有较全面的知识、能力、素养和威望，需要通过一系列多元化的岗位长期锻炼培养。最好是根据业务能力、岗位需求为他们的成长设置量身定做培养路径，在不同岗位锻炼和提升他们各方面的领导才能。虽然MBA教育及各种速成班有助于加速他们的成长，但通常还是要足够的时间、经历，在岗位上锻炼。

对企业战略、文化的理解不是短时间可以完成的，同时也存在着企

业员工尤其是管理团队对二代接班人认可的问题。企业现有管理人员如果对二代接班人不认可,必然会带来执行不力、人员流失等问题。而认可的前提是二代接班人要展示出自己的能力和品德。位置可以增加人的权力,但增加不了权威;位置可以增加人的能量,但增加不了能力。经济学家钟朋荣在谈及二代接班时说:"我非常同意'少帅不是定下来的,而是练出来'的观点。企业管理既是一种艺术,也是一门科学,更是一项活动。少帅们的成长离不开实践,其威信单靠继承是不够的,即使能够继承下来,也是短暂的。要服众,不是企业的一代说了算,而是少帅们的管理能力以及在管理实践中取得的成绩说了算。"

4.要建立符合现代企业规范的管理、流程、控制体系,为二代接班创造制度环境

第一代创业者大都是白手起家,从 0 到 1,在混沌中摸索前进,缺少真正依靠技术持续创新、洞悉产业发展规律、塑造品牌、建设渠道、关注客户价值、管理提升和关注企业社会责任等成长起来的企业。一代创业老板大都没有经历过相对规范的市场和商业逻辑的洗礼,由此导致他们缺乏规范管理企业的思维和习惯,经济管理知识的缺乏,"一言堂"是自然的事情。

在企业发展过程中,一方面他们没有接受系统、规范、完善的现代企业规范化经营管理的"入模子训练",让他们成为一种真正的职业管理者。这种训练是指在以提升客户价值为导向、遵循业务流程市场化运作中,工作、学习和思考的思维方式,不断体会周围各种企业运作情境、理顺社会、企业、个人关系,和谐处理同事关系的工作训练过程。

另一方面良好的盈利机会使得他们无暇、也不愿关注企业规范化管理。在相当多的中小企业主眼里,企业只有两个利益主体,一个是他自己,另一个就是员工整体。在这种思维模式下,他们很难体会员工所需

要的规范管理、晋升、培训、公正合理考核与薪酬等制度对发展的意义，所以他们意识不到规范化管理的重要性和紧迫性。

由于个人素质和环境影响，就整体而言，一代创业者普遍缺乏建立百年基业的愿景。没有强大愿景支撑，在企业解决基本的生存发展问题后，很难有动力、意愿去关注企业的可持续发展，包括基本的管理问题。

在面临二代接班的背景下，企业家就必须思考建立符合现代企业规范的管理、流程、控制体系，从老板的经验管理、一言堂管理转变为制度管理、流程管理，为二代接班创造制度环境。

5.要培养、形成以接班人为首的第二代接班团队

约翰P.科特在十年前出版的《领导变革》中指出："就在不远的将来，公司的高层领导继任计划将不再采取选拔一个替换另一个的做法，而是选拔核心领导团队。明智的领导团队的基本成员各就各位后，新任CEO就更容易建立联盟来推进变革。"随着企业的进步、市场的发展和全球化的深入，要考虑和处理的信息太多，个人是很难完成的，科特预言的团队作战已经成为一个趋势。

因此，接班也不是一个人的交接，而是团队的接班，只不过这个团队需要一个核心。当然，这个核心首选二代，但二代接班人如何建立自己的班底，一代创业者要予以足够重视，比较理想的模式是两代人共同打造。

二代接班人要充分重视企业文化在企业发展和变革中的作用

民营企业在创业之初，内部以亲情为纽带和特征的凝聚力、向心力以及企业管理层之间的默契，都成为难得的优势，对企业的发展和管理产生重要的推动作用。但当企业发展到一定规模时，家族经营的弊端便逐渐暴露出来：决策依附于个人，加大了经营风险；产权制度封闭，难以

向社会融资;封闭性企业文化阻挡了优秀人才、抑制了创新能力;企业财产与家族财产不分,造成内部财务制度混乱,等等。毋庸置疑,这些弊病严重阻碍了企业的进一步发展。因此,"家文化"有利于创业,却不利于发展。

随着全球经济一体化的加快,市场竞争的规范化程度提高,民营企业成长的基本矛盾已经转变,不再是政府与市场的博弈,而是在全球化市场中本土化力量与国际化力量的较量。这迫使文化程度高且视野开阔的创二代比自己的父辈们更注重现代公司发展战略,更重视与世界接轨,并开始经营品牌与资本运作。因此,二代接班后,其管理风格转变、战略规划调整以及带来的文化变革,显然是一种趋势,甚至是一种必然。古语说"一朝天子一朝臣",用在二代接班一点都不为过。但二代面临的考验是,如何成功变革,保持企业健康发展。

创二代要充分重视企业文化在企业发展和变革中的作用,在战略调整中重视企业文化的变革,在企业文化变革中尊重企业文化的规律。

根据多年的研究与观察,与一般的企业文化变革相比,二代接班后的企业文化变革应注意以下几点。

一是要深刻理解公司的企业文化,在此基础上把握与洞察公司的文化现状、现实困境和未来风险。

创二代的企业文化变革往往伴随着战略的调整、组织与人事的变化,更为重要的是,二代接班后往往会带着外来者的心态,对企业文化的必然性和独特性理解不够,往往会忽略企业文化的发展稳定性的特点,造成员工因不理解带来的抵制与对抗。

没有继承就没有发展,没有理解就难以继承。父辈创造了财富,更重要的是创造了财富背后的逻辑,就是企业文化。正是这个文化,凝聚了企业的人才,克服了以往一个个困难,实现了发展。这个文化的精髓是什么？它是如何形成的？同时也要看到,在新的形势下,这个文化的生命力何在,局限性何在？了解了这些,才能找到突破口,实现更高层次的跃升。

二代接班切忌超越企业现实,照搬教材,本本主义;更不能简单地认为老一代就是封闭僵化,跟不上潮流。任何企业的文化都是在其经营实践中发生发展起来的,文化可以助推企业的快速发展,也可以成为阻碍企业发展的因素。任何一种企业文化的变革都不是凭空产生,都是在现有文化的基础上,与企业战略和业务的紧密结合而产生的。所以理解与洞察是企业文化变革的前提。

二是寻求精神同盟,组建变革团队。

正像企业的成功离不开创始人的正确领导,成功的文化变革也离不开核心人物支持。无论二代接班人在企业有过多长时间的历练,接班后面对的都是一个系统的组织,代表的是一个系统的文化,无论是领导它还是变革它,都不是一件容易的事。因此,组建一个强有力的变革团队是二代接班后的首要任务。

这个团队不在乎人数多少,而应该对现有的企业文化深刻理解,同时又能看到现有文化的局限性,对变革有紧迫感。这个团队应该是专业的,对企业业务熟悉,同时应该能力互补,有良好的领导力。

三是要在传承的基础上形成新的共同愿景和战略。

文化变革不是空洞的口号,也不是人事调整的借口,而是附着于、服务于新的愿景和战略、业务。新的愿景和战略是企业跃升到一个新阶段的动力系统。

"共同愿景"是彼得·圣吉在《第五项修炼》中提出的。他认为:共同愿景是一个组织中各个成员发自内心的共同目标,是蕴藏在人们心中一股令人深受感召的力量。正是由于这是人们所共同持有的意向或景象,它创造出众人是一体的感觉,并遍布组织全面的活动中,使得人们紧紧结合,孕育无限的创造力。

共同愿景是组织全体成员共有的目标,以及由此反映出的价值观与使命观。彼得·圣吉指出:"一个缺少全体衷心共有的目标、价值观和使命的组织,必定难成大器",而"有了衷心渴望实现的目标,大家会努力学习、追求卓越,不是因为他们被要求这样做,而是因为衷心想要如此"。所以,当一个组织,具有相同的愿景,并为之走到一起,为之付出行动、思想、智慧,这样的组织是富有生命力的组织。

共同愿景明确了企业发展的方向,具有很强的凝聚力。它能激发成员的热情、积极性,调节成员之间的关系,使之形成风雨同舟、齐心协力的坚强集体,并为组织的生存和发展提供长久的动力。

共同愿景具有聚合力。它能使员工从"我"转变为"我们"。它能使工作和学习过程在遭遇混乱时有清楚的方向,在个人与组织迷茫时指引正确的路径。

共同愿景具有激发力,激励人们克服短期困难,着眼长远发展。共同愿景能使人心中充满希望,能使成员自觉投入,乐于奉献。因为他们看到工作本身对于他们的意义非同以往,它不仅是谋生手段,更是一种社会的责任,他们在工作中充满激情和乐趣,也从中体会到了自己生存的意义。

愿景描绘未来,战略展示如何实现愿景的过程,提高清晰的逻辑性细节。所以战略要立足于公司的实际,让全体员工看得见、抓得住、干得了。

四是巩固成果,形成新的文化。

有良好的变革领导团队,有全体员工认同的共同愿景,取得短期的变革成果并不是难事,而要巩固这些成果就需要将行为固化为行为规范,形成新的价值观,使变革的成果深植于公司文化,逐渐取代原有的核心观念。

企业文化是指企业员工共享的价值观和行为规范,具有持续性,即使群体成员发生变动,也不会影响其作用的发挥。改变旧的文化与建立新的文化都不是容易的事。所以二代接班人要有意识地推行新的行为规范,倡导新的价值观,培育新的文化。

以上四点是二代接班实施变革要特别注意的地方,并不是变革的具体步骤。"接班人计划"是一个世界级课题,在未来很长时间都是一个理论和实践探索的热点问题。在这个不确定的时代,经济全球化、技术创新和社会的发展,都将使企业面临更多的机遇和挑战,变革也将会是持续的。

我们欣喜地看到,带着父辈的"文化基因",踏上父辈们曾经战斗过的战场,一批具有全球视野的创二代,携带着新的活力与商业模式,正在为传统产业注入新的活力。

参考书目

1.埃德加·沙因.组织文化与领导力[M].马红宇,王斌,译.北京:中国人民大学出版社,2011.

2.伊查克·爱迪思.企业生命周期[M].王玥,译.北京:中国人民大学出版社,2017.

3.吉姆·柯林斯,杰里·波勒斯.基业长青[M].俞利军,真如,译.北京:中信出版社,2009.

4.吉姆·柯林斯、莫滕·T.汉森[M].选择卓越[M].陈召强,译,北京:中信出版社,2012.

5.吉姆·柯林斯.再造卓越[M].蒋旭峰,译.北京:中信出版社,2010.

6.威廉·大内.Z理论[M].朱雁斌,译.北京:机械工业出版社,2013.

7.理查德·莫斯利.雇主品牌管理[M].苗月新,译,北京:经济管理出版社,2017.

8.杰弗里·摩尔.跨越鸿沟[M].赵娅,译.北京:机械工业出版社,2008.

9.瑞·达利欧.原则[M].刘波,綦相,译.北京:中国出版集团,2018.

10.戴维·阿克.管理品牌资产[M].吴进操,常小虹,译.北京:机械工业出版社,2013.

11.戴维·阿克,乔吉姆塞勒.品牌领导[M].耿帅,译.北京:机械工业出版社,2012.

12.戴维·阿克.创建强势品牌[M].李兆丰,译.北京:机械工业出版社,2013.

13.凯文·莱恩·莱特.战略品牌管理[M].卢宏泰,吴水龙,译.北京:中国人民大学出版社,2009.

14.爱丽丝·M.泰伯特,蒂姆·卡尔金斯.凯洛格品牌论[M].刘凤瑜,译.北京:人民邮电出版社,2006.

15.艾·里斯,劳拉·里斯.品牌的起源[M].寿雯,译.太原:山西人民出版社,2010.

16.艾·里斯、杰克·特劳特.定位[M].王恩冕,于少蔚,译.北京:中国财政经济出版社,2002.

17.约翰P.科特.领导变革[M].徐中,译.北京:机械工业出版社,2017.

18.拉姆·查兰,斯蒂芬·德罗特,詹姆斯·诺埃尔.领导梯队[M].徐中,林嵩,雷静,译.北京:机械工业出版社,2018.

19.沃伦·本尼斯.成为领导者[M].徐中,姜文波,译.杭州:浙江人民出版社,2017.

20.汤姆·彼得斯.解放型管理[M].鲁乐中,译.北京:中信出版社,2006.

21.爱德华·L.伯内斯.舆论的结晶[M].胡百精,董晨宇,译.北京:中国传媒大学出版社,2014.

21.郭士纳.谁说大象不能跳舞[M].北京:中信出版社,2003.

22.J.柯林斯,J.波勒斯.基业长青[M].北京:中信出版社,2002.

23.赫伯特·乔治·韦尔斯.世界史纲[M].吴文藻,冰心,费孝通,译.南京:译林出版社,2015.

24.罗素.西方哲学史[M].马元德,译.北京:商务印书馆,2016.

25.彼得·圣吉.第五项修炼[M].郭进隆,译.杨硕英,审校.上海:上海三联出版社,1998.

26.丹尼尔·平克.全新思维[M].林娜,译.尹文刚,审订.北京:北京师范大学出版社,2006.

27.肯尼斯·霍博,威廉·霍博.清教徒的礼物[M].丁丹,译.北京:东方出版社,2016年

28.琳达·S.桑福德,戴夫·泰勒.开放性成长[M].刘曦,译.北京:东方出版社,2008.

29.杰弗瑞·莱克.丰田模式[M].李芳龄,译.北京:机械工业出版社,2015.

30.加里·哈梅尔,C.K普拉哈拉德.竞争大未来[M].北京:昆仑出版社,1998.

31.傅佩荣.推开哲学的门[M].北京:东方出版社,2013.

32.王阳明.传习录[M].谢廷杰,辑刊.南京:江苏凤凰文艺出版社,2015.

33.陈春花.从理念到行为习惯[M].北京:机械工业出版社,2013.

34.王祥伍,谭俊峰.企业文化落地本土实践[M].北京:电子工业出版社,2013.

35.林凌.新闻侵权导论[M].北京:北京大学出版社,2013.

36.林凌.网络舆论引导论[M].北京:解放军出版社,2015.

37.谢长海.步步为赢——三步创建强势品牌[M].上海:上海社会科学院出版社,2015.